独学！わかるぞドイツ語

Selbst Deutsch lernen

岡田朝雄 =著

朝日出版社

◆〈発音〉頁吹き込み／ディアナ・バイヤー＝田口（東京外国語大学ドイツ語学科特任講師）
◆ 表紙・本文 デザイン・レイアウト／小林正明（ease）

本書で学ぶ方のために

－ドイツ語とドイツ語圏－

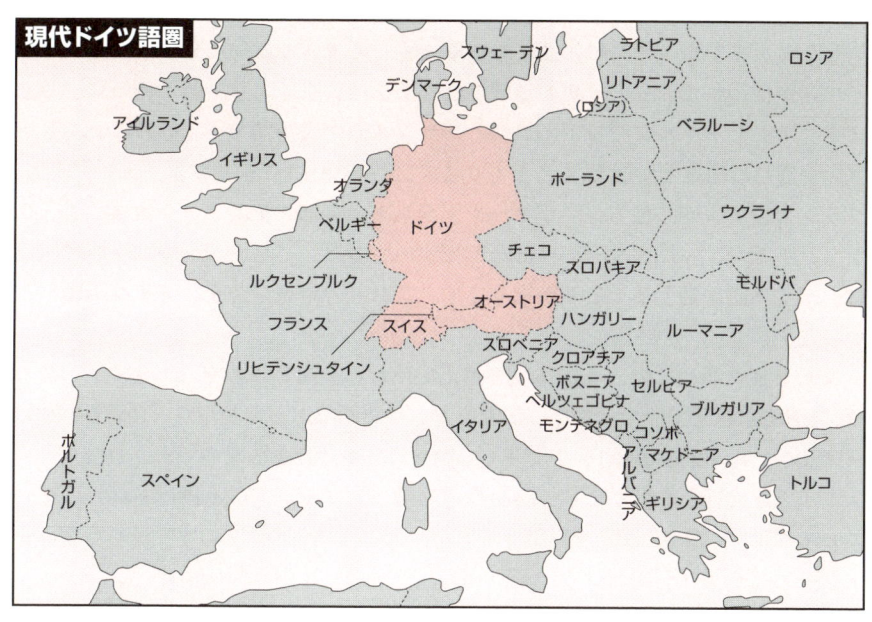

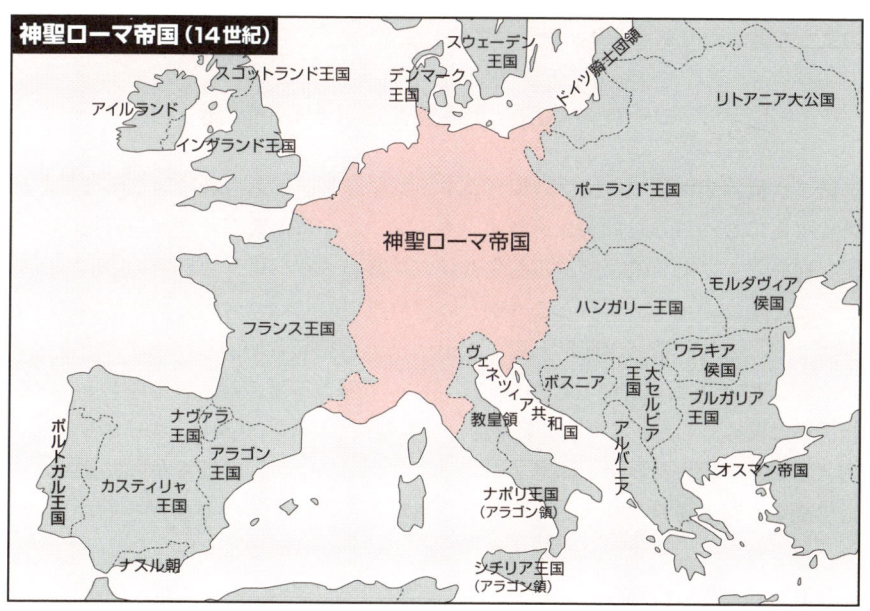

「ドイツ語はどこの国の言葉でしょう？」

「ドイツに決まっているじゃないか」——その通りですが、ちょっと待ってください。ドイツ語はドイツ（ドイツ連邦共和国）だけではなく、オーストリアやリヒテンシュタインやスイスの国語でもあります。スイスでは約三分の一の地域でドイツ語が使われており、ほかの地域ではフランス語やイタリア語が使われております。ルクセンブルクではドイツ語とフランス語が公用語です。そのほか、ドイツ語が通じる地域となると、もっとあります。上記の国々に隣接するイタリア北部、フランスのアルザス地方、ベルギーやオランダの東部、デンマーク南部、ポーランド、チェコ、ハンガリーの西部などです。さらに、バルト三国やロシアの一部にもドイツ語が通じるところがあります。これらの地域全体を「ドイツ語圏」といいます。

なぜドイツ語はこのように国境を越えて使われ、通じるのでしょうか？ じつは、「国境を越えて」ではなく、広大なドイツ語圏であった神聖ローマ帝国〈962－1806〉が、歴史の流れの中で多くの国々に分かれたためなのです。

ドイツ近代哲学の祖カント（Kant）は、東プロイセン（Ost-Preußen）のケーニヒスベルク（Königsberg）出身ですが、そこは現在ロシアのカリーニングラードになっています。ハイドン（Haydn）、モーツァルト（Mozart）、シューベルト（Schubert）などは、現在はオーストリアの作曲家ということになります。このような例はたくさんありますが、省略します。

ヨーロッパで最も広範囲に通用するドイツ語

第二次世界大戦後のドイツの復興がドイツ語の普及に大きな役割を果たしたという事実にも注目したいと思います。ドイツ（とくに旧西ドイツ）が戦後、わが国と同じように驚異的な経済復興をとげて、ヨーロッパ第一の経済大国になったことはご承知の通りです。ところがこの経済復興の時期に労働力が絶対的に不足しました。それは第二次世界大戦で420万人もの戦死者があり、民間人をも含めた死者は650万人にも達したからです。この労働力不足の解消策を西ドイツ政府は国外に求めました。こうして経済的に立ち遅れた国々、トルコ、ユーゴスラヴィア、イタリア、ギリシア、スペイン、モロッコ、チュニジア等々から大量の外国人労働者が西ドイツに流入しました。彼らにとって西ドイツの通貨ドイツ・マルク（現在はユーロですが）は魅力的でした。少しでも多くドイツ・マルクを稼げる仕事に就くために彼らはドイツ語会話を習得しました。

外国人労働者の数はピーク時には西ドイツの全労働者人口の9.2％を占め、家族を含めた数は400万人を超したといわれます。彼らの中には西ドイツに永住を希望した人もありましたが、お金を稼いで故国に帰った人も少なくありませんでした。つまりドイツ語を話せる人が各国に増えたわけです。

　一方裕福になった西ドイツの人たちがヴァカンスにとくに好んで長期滞在したところは、前記の外国人労働者の出身国の観光地でした。その理由は、それらの国々の観光地が地中海、エーゲ海、黒海など、ドイツ人の大好きな南国の海に面しているからというだけでなく、ドイツ・マルクが有利に使えたこと、そしてそれらの観光地にはドイツ語を話せる人がたくさんいたからなのです。

　以上のようなことを考えると、ドイツ語はヨーロッパで最も広範囲に通用する言語だということがいえると思います。

ドイツ語学習のすすめ

　わが国で昔から盛んに外国語教育が行われ、辞書をはじめとする語学教材がとくに充実している英語、ドイツ語、フランス語の三つの外国語のうちで、最も短期間に習得しやすい日本人向きの外国語は、ドイツ語だと私は思っています。

　その理由をいくつか挙げれば、まずドイツ語は外国語習得の第一関門ともいうべき発音が、英語やフランス語にくらべてはるかに簡単だということです。簡単といって語弊があるならば、ドイツ語の発音は、例外が少なく、明晰で、ローマ字式発音が多く、カタカナを読んでも通じる日本人向きの外国語だといってもよいでしょう。アクセントの位置なども最初の母音にある場合がほとんどで、もしもアクセントの位置を問う試験問題を出題するとしたら、数少ない例外的な語（アクセントのない8種類の前つづりの付いた語）と外来語ばかりを出題することになってしまいます。

　文法に関しては、ドイツ語はたしかに名詞の性や格変化を覚えるのは大変ですが、いったん覚えてしまえばあとがかえって楽になります。そしてその他の点では英語・フランス語にくらべれば例外が少なく、とくにむずかしいとされる動詞の変化も、フランス語の場合よりもはるかに簡単で覚えやすいといえます。

　大学を英語で受験する人は、最低6年間は英語を学んでいるはずです。ドイツ語で受験する人はほとんどが2年か3年しか学んでいません。なかには1年間しか学んでいない人もいます。それでも合格できるのですから、これもドイツ語が短期間で習得しやすい外国語であることを証明しているといえるでしょう。

　最近よく「ドイツ語無用論」をとなえる人があります。「医学もいまは英語の時

代だ」というのが彼らの決まり文句です。つまり、苦労してドイツ語などやらなくとも、今はすべて英語で事足りるというのが最大の理由のようです。しかしこれは英語だけしか知らず、ドイツ語やドイツ語圏の文化について何も知らない人たちのたわごとです。ドイツ語を通して私たちが学ぶべきことは、どのような分野であれ、無尽蔵にあるはずです。

これまでにもわが国はドイツ語圏の文化から大きな影響を受けてきました。明治時代以来、哲学、法律（明治憲法はドイツ憲法を模範とした）、軍事、医学、生物学、地質学、天文学、科学技術、音楽（とくにクラシック音楽）、スポーツ（とくに登山、スキー）などの分野で受けた影響は計りしれません。明治時代の海外留学者の80パーセントはドイツ語圏に留学したそうです。

第二次世界大戦後、英語教育の普及と中国語・韓国語教育の増加のために、ドイツ語教育が次第に減り、現在では激減の状態です。大学のドイツ語の教員数も、英語の教員数に次いで多かったのに、今では半減してしまい、ドイツ語の授業も選択科目として細々と続いている状態です。

また、日本とドイツとのテレビの電送方式の違うことが、わが国のドイツ語衰退のかなり大きな理由の一つではないかと私は思っています。わが国のアナログテレビの伝送方式は、NTSC方式で、アメリカ、韓国と同じだそうです。これに対して、ドイツは、テレフンケン（Telefunken）が開発したPAL方式で、中国や東南アジア諸国もその方式を受け入れました。30年ほど前にタイやインドネシアを訪れたとき、ドイツのビヤホールやレストランがあり、ドイツの車がたくさん走っていること、そして、テレビからはドイツで流行っている歌が放映されていることに驚きました。わが国が明治時代に、ドイツから文化的に多大な影響を受けていた頃は、まさにこのような状態だったのではないかと思わせられました。日中・日韓学術交流の一員として中国と韓国を訪れたときも、ドイツ語教育が盛んであることに驚きました。ソウルオリンピックのときの、ドイツからの影響力を覚えている方も多いでしょう。

わが国に、サッカーのブンデスリーガ（Bundesliga）など、特別に関心のあるニュースは別として、ドイツ語圏のニュースや現在流行っている歌などが直接伝わってこないことは、テレビの伝送方式の違いと、ドイツ語圏文化のアジア進出を軽視しているためではないかと思うのです。

環境保全　これもドイツから学ぼう

20世紀初頭の1904年、ヘルマン・ヘッセの出世作『ペーター・カーメンツィ

ント』Peter Camenzind（邦訳『青春彷徨』『郷愁』）が出版されました。この作品は、ヨーロッパの工業化と自動化の会社設立ブーム時代、開発によって脅威にさらされた自然への讃歌であり、自然環境と調和して生きた人間に捧げられた讃歌でした。

　自然はすばらしい。春は桜、秋は紅葉と、毎年毎年同じことが繰り返されるのに、自然はいつも新鮮です。これに対して人間がつくったものは、それが便利なものであればあるほど寿命が短く、一年もたてば古くなり、やがて還元できないゴミになってしまいます。自然のものにはゴミがありません。一見ゴミのように見えるものでも、やがて分解されて動植物の栄養になります。

　私たち日本人も、かつてはヘッセと同じように自然に感謝し、自然と調和する生き方をしていました。しかし欧米の影響を受けるようになってから、「自然は征服すべきもの、利用すべきもの」と考えるようになったようです。この数十年の開発による自然破壊は眼を覆わしめるものがあります。また、人間のモラルも低下して、人工のゴミをむやみに廃棄する者が後をたちません。都会に近い森林や雑木林はゴミ捨て場と化しています。本来自然愛好家であるはずの山菜やキノコを採る人びとまでも、平気で山林原野にゴミを棄てています。

　ドイツでも徹底的な自然破壊が行われ、かつての森林国に、もはや原生林はどこにもなくなってしまいました。二次林の樹木も酸性雨で枯れ始めたところもあります。こうなってようやく自然の大切さに気づき、徹底した環境保全とゴミの管理・リサイクルが行われるようになりました。もちろんゴミの不法投棄もありません。いまやドイツは、環境保全に関しては先進国です。ビオトープ Biotop（動植物の良好な棲息空間）という言葉が生まれ、これを大切にしようという意識が高まって、高速道路で分断された地域に動物の渡る橋やトンネルが作られたり、護岸工事されたコンクリートをはがして葦が植えられたりしています。また農薬の使用をやめて有機農業に変えたり、農道のアスファルトをはがして草を生やしたり、U字溝を撤去して自然の水路にしたりした農家には補助金が出されているといいます。小鳥をはじめとする多様な生物のために、庭造りやビルの屋上庭園造りが奨励されています。

　わが国は四年前の東日本大震災で、史上最大の人災ともいうべき原発事故を起こしてしまいました。そして放射能流出による深刻な諸問題は何一つ解決されておりません。それにもかかわらず、わが国は、自然エネルギーによる電力を抑えてまで、原発再稼働に頼ろうとしています。

　ドイツは地震国でも火山国でもないのに、身近にチェルノブイリ原発事故を体

験し、福島原発事故の惨状を見て、原発を完全に廃止し、太陽や水や風などの自然エネルギーによる発電に頼ることを決めました。多くのドイツの人たちは、自然を大切にしてきた日本人が、あのような事故を起こしながら、なぜ原発に頼ろうとするのか理解できないと言っています。来日したメルケル首相（Kanzlerin Merkel）も「ドイツは早くから原子力から撤退するという大きな決定をしました。私たちは再生可能エネルギーに期待しています。日本も同じ道を取るべきだと思います」と提案されました。自然再生エネルギーにも、いろいろ問題もあるのでしょうが、原発廃止だけでなく、環境保全についても、私たちはドイツに学ぶべきではないでしょうか。

　今こそ、ドイツ語を学ぶべき時だと私は思うのです。

それではドイツ語の学習を始めましょう。

― 謝　辞 ―

　本書のドイツ語文は、東京外国語大学ドイツ語学科特任講師、ディアナ・バイヤー＝田口先生にご高閲をいただきました。まことにありがたく、心からお礼と感謝を申しあげます。また、発音部分の録音に関しましても、あわせて厚くお礼を申しあげます。

2015 年 4 月 16 日

岡田朝雄

目次

本書で学ぶ方のために ………………………………………… iii

 ドイツ語とドイツ語圏

 「ドイツ語はどこの国の言葉でしょう？」

 ヨーロッパで最も広範囲に通用するドイツ語

 ドイツ語学習のすすめ

 環境保全　これもドイツから学ぼう

Alphabet　〈アルファベート〉………………………………… 2

Aussprache　〈発音〉

 発音記号とカタカナ表記 ……………………………………… 8

 ドイツ語の発音を標準語表記にしよう! ……………………… 20

Lektion 1　動詞の基本形 ……………………………………… 42

 §1 動詞の不定詞　　§2 動詞の三基本形　　§3 強変化動詞

 §4 弱変化動詞　　§5 混合変化動詞

Lektion 2　動詞の現在人称変化（1）、配語法（1）………… 48

 §1 不定詞から定動詞へ　　§2 標準型の現在人称変化

 §3 人称語尾に注意が必要な動詞

 §4 配語法（1）－ 不定詞句から文へ －

Lektion 3　名詞の性と定冠詞・不定冠詞、重要動詞 ……… 56

 §1 名詞の性と冠詞　　§2 名詞の格

 §3 定冠詞と不定冠詞の格変化

 §4 名詞の格変化　　§5 辞書の表記の見方

 §6 重要な不規則動詞 sein (*be*), haben (*have*), werden (*become*)

Lektion 4　　　　名詞の複数形 ・・・・・・・・・・・・・・・・・・・・・・・・・・・　64

§1　単数から複数へ　§2　4種類の複数形
§3　複数名詞の格変化　§4　辞書の表記の見方

Lektion 5　　　　冠詞型変化詞、人称代名詞 ・・・・・・・・・・・・・・・・　70

§1　定冠詞型変化詞　§2　不定冠詞型変化詞　§3　人称代名詞

Lektion 6　　　　前置詞 ・・・・・・・・・・・・・・・・・・・・・・・・・・・・・・・・・　80

§1　前置詞の格支配　§2　前置詞と定冠詞との融合形
§3　人称代名詞と前置詞との融合
§4　動詞・形容詞と前置詞との関係

Lektion 7　　　　現在人称変化(2)、命令法、自動詞と他動詞 ・・・　86

§1　単数2・3人称で語幹が変化する動詞　§2　命令法
§3　自動詞と他動詞 ― 動詞の格支配 ―

Lection 8　　　　話法の助動詞、配語法 (2) ・・・・・・・・・・・・・・・・　92

§1　単数全部が特殊な変化をする動詞　§2　話法の助動詞の用法
§3　配語法 (2) ― 副文の場合 ―

Lektion 9　　　　形容詞の格変化 ・・・・・・・・・・・・・・・・・・・・・・・・・　98

§1　形容詞の用法　§2　形容詞の修飾語尾　§3　形容詞の格変化
§4　形容詞の名詞化　§5　序数とその用法

Lektion 10　　　形容詞の比較、接続詞 ・・・・・・・・・・・・・・・・・・・・　108

§1　形容詞の比較変化　§2　比較の用法　§3　副詞の比較変化
§4　接続詞　§5　相関的に用いられる接続詞

Lektion 11　　　動詞の三基本形、過去時称・未来時称 ・・・・・・・・　116

§1　動詞の三基本形　§2　過去人称変化　§3　未来時称

Lektion 12　完了時称 ································· 124
　　§1　完了不定詞　　§2　完了の助動詞　　§3　現在完了
　　§4　過去完了　　§5　未来完了　　§6　過去分詞に二つの形がある動詞

Lektion 13　複合動詞、zu 不定詞の特殊な用法 ············ 134
　　§1　複合動詞の種類　　§2　分離動詞　　§3　不分離動詞
　　§4　分離・不分離動詞　　§5　zu 不定詞の特殊な用法

Lektion 14　再帰動詞、非人称動詞 ······················· 140
　　§1　再帰代名詞　　§2　再帰動詞　　§3　非人称の es と非人称動詞

Lektion 15　不定・疑問・指示代名詞 ····················· 146
　　§1　不定代名詞　　§2　疑問代名詞　　§3　疑問詞の接続詞的機能
　　§4　指示代名詞

Lektion 16　関係代名詞、関係副詞 ······················· 154
　　§1　定関係代名詞　　§2　不定関係代名詞 wer と was
　　§3　関係代名詞と前置詞の融合　　§4　関係副詞

Lektion 17　受動態、分詞の用法 ························· 160
　　§1　受動態のつくり方　　§2　態の変換 ― 能動文を受動文に ―
　　§3　自動詞の受動　　§4　状態の受動　　§5　その他の受動表現
　　§6　分詞の用法

Lektion 18　接続法（1） ································· 168
　　§1　直説法と接続法　　§2　接続法の2形態
　　§3　接続法第1式の現在人称変化
　　§4　接続法第2式の現在人称変化
　　§5　接続法の時称　　§6　要求の接続法 ― 第1式 ―
　　§7　認容の接続法 ― 第1式 ―
　　§8　間接引用の接続法 ― 第1式または第2式 ―

Lektion 19	接続法（2） ················· 180

§1 非事実の接続法 ─ 第2式 ─　§2 副文に現れる非事実の接続法
§3 主文に現れる非事実の接続法　§4 推量の接続法 ─ 第2式 ─

Lektion 20	数詞 ······················· 186

§1 基数詞とその用法　§2 序数とその用法
§3 年月日の読みかたと表記　§4 時刻

Anhang 1	格支配別重要動詞 ·············· 196

Anhang 2	課題解答 ····················· 199

Anhang 3	主要強変化動詞・混合変化動詞変化表 ········ 217

ちょっと一息・ドイツリート

1. Heidenröslein 〈野薔薇〉················ 77
2. Der König in Thule 〈トゥーレの王〉········ 131
3. Stille Nacht 〈聖夜〉···················· 177

日用ドイツ語セレクション

■日と時期 ··· 91	■曜日 ······ 106	■月 ········ 75
■方位 ······ 113	■ドイツのビール ·· 54	■ドイツのワイン ·· 115
■飲み物 ···· 153	■メニュー ···· 120	■肉料理 ······ 145
■サラダ ····· 138	■デザート ····· 175	■肉類 ········ 145
■魚介 ······ 184	■野菜 ······· 129	■果物 ········ 194

独学! わかるぞ ドイツ語

Alphabet
〈アルファベート〉

活字体	筆記体	発音記号	読み方		音価
A a	𝒜 𝒶	[aː]	アー	口を大きく開いて「アー」。	[aː][a]
B b	ℬ 𝒷	[beː]	ベー	英語の「ビー」と「ベー」の中間。	[b]
C c	𝒞 𝒸	[tseː]	ツェー	[ts]に[eː]を付けて「ツェー」。	[ts][k]
D d	𝒟 𝒹	[deː]	デー	英語の「ディー」と「デー」の中間。	[d]
E e	ℰ 𝑒	[eː]	エー	英語の「イー」と「エー」の中間。	[eː][ɛ]
F f	ℱ 𝒻	[ɛf]	エフ	英語と同じ。	[f]
G g	𝒢 𝑔	[geː]	ゲー	[g]に[eː]を付けて「ゲー」。	[g]
H h	ℋ 𝒽	[haː]	ハー	口を大きく開いて「ハー」。	[h]
I i	𝒥 𝒾	[iː]	イー	唇を狭く、両側に引きつけて「イー」。	[iː][ɪ]
J j	𝒥 𝒿	[jɔt]	ヨット	[j]はローマ字の[y]のように、[ɔ]は[oː]の短音。	[j]
K k	𝒦 𝓀	[kaː]	カー	[k]に[aː]を付けて「カー」。	[k]
L l	ℒ 𝓁	[ɛl]	エル	英語と同じ、[ɛ]（日本語の「エ」と同じ）を付けて、「エル」。	[l]
M m	ℳ 𝓂	[ɛm]	エム	英語と同じ、[ɛ]（日本語の「エ」と同じ）を付けて、「エム」。	[m]
N n	𝒩 𝓃	[ɛn]	エン	英語と同じ、[ɛ]（日本語の「エ」と同じ）を付けて、「エン」。	[n]

Alphabet：アルファベット

O o	$\mathcal{O}\ o$	[oː]	オー	唇を丸く前方へ突き出して「オー」。	[oː][ɔ]
P p	$\mathcal{P}\ p$	[peː]	ペー	英語の「ピー」と「ペー」の中間。	[p]
Q q	$\mathcal{Q}\ q$	[kuː]	クー	唇を丸く前方へ突き出して「クー」。	[k]
R r	$\mathcal{R}\ r$	[ɛr]	エル	[r] は舌先または口蓋垂を震わせて「ル」。(発音説明参照)	[r]
S s	$\mathcal{S}\ s$	[ɛs]	エス	英語と同じ。ただし、母音の前では必ず濁る。	[s][z]
T t	$\mathcal{T}\ t$	[teː]	テー	英語の「ティー」と「テー」の中間。	[t]
U u	$\mathcal{U}\ u$	[uː]	ウー	唇を丸く前方へ突き出して「ウー」。	[uː][ʊ]
V v	$\mathcal{V}\ v$	[faʊ]	ファウ	v＝f。[ʊ] は [uː] の短音。「ファウ」は「ファオ」に近い。	[f]
W w	$\mathcal{W}\ w$	[veː]	ヴェー	[v] に [eː] を付けて「ヴェー」。	[v]
X x	$\mathcal{X}\ x$	[ɪks]	イクス	[ɪ] は「イ」。「エクス」でなく「イクス」。	[ks]
Y y	$\mathcal{Y}\ y$	['ʏpsilɔn]	ユプスィロン	[ʏ] は口笛を吹くように唇を突き出して「イ」。	[yː][ʏ]
Z z	$\mathcal{Z}\ z$	[tsɛt]	ツェット	[ts] に [ɛt] を付けて「ツェット」。	[ts]
ß	β	[ɛs'tsɛt]	エスツェット	[s] と [z]（実際は ss）の合字。実際の発音は [s]。	[s]
Ä ä	$\ddot{\mathcal{A}}\ \ddot{a}$	[ɛː]	エー	「アー」の口の形で「エー」。「アー」と「エー」の中間音。	[ɛː][ɛ]
Ö ö	$\ddot{\mathcal{O}}\ \ddot{o}$	[øː]	エー	「オー」の口の形で「エー」。「オー」と「エー」の中間音。	[øː][œ]
Ü ü	$\ddot{\mathcal{U}}\ \ddot{u}$	[yː]	ユー	唇を突き出して「イー」。「ユ」「イ」「ウ」の中間音。	[yː][ʏ]

― アルファベートの解説 ―

発音記号をよく見て、しっかり覚えてください。カタカナはあくまで補助です。アルファベートの発音を完全に覚えれば、ドイツ語の発音の 60％ を覚えたことになります。

ぽいんと読む

母音の発音

A, a, E, e, I, i, O, o, U, u は英語の「エイ、イー、アイ、オウ、ユー」とは全く違って、ローマ字のように「アー、エー、イー、オー、ウー」と読みます。実際の発音には、長音と短音があり、[a:] [a] 以外は発音記号が違うので、気をつけること。発音記号が違うということは、発音も微妙に違うのです。

A 長音 [a:] 「アー」
　　短音 [a] 「ア」　ともに口を大きく開けて発音します。

E 長音 [e:] 「エー」（「イー」と「エー」の中間音）。
　　　　　　　「イー」を発音する唇の形で「エー」と発音します。
　　短音 [ɛ] 「エ」　（日本語の「エ」と同じ）。
　　　　　　　F [ɛf], L [ɛl], M [ɛm], N [ɛn], S [ɛs] の [ɛ]。
　　弱音 [ə] 「エ」の弱い音。英語は弱い「ア」、フランス語は曖昧な「ウ」。
　　　　　　　アルファベートには出てきませんが、Name [ˈnaːmə]「ナーメ」、
　　　　　　　Ende [ˈɛndə]「エンデ」の [ə] で、弱い「エ」。

I 長音 [iː] 「イー」（唇を狭く両側に引きつけて「イー」）。
　　短音 [ɪ] 「イ」（唇をゆるめて「イ」）。

O 長音 [oː] 「オー」（唇を丸く突き出して「オー」）。
　　短音 [ɔ] 「オ」（唇をゆるめて「オ」）。J [jɔt]「ヨット」の [ɔ]。

U 長音 [uː] 「ウー」（日本語の「ウー」よりも唇を丸く突き出して「ウー」）。
　　短音 [ʊ] 「ウ」（唇を丸く突き出して「ウ」）。
　　　　　　　V [faʊ]「ファウ」は「ファオ」に近い。

子音の発音 ←しいんと読む

アルファベットの子音の発音は、子音の音価だけでは発音しにくいし、聞き取りにくいので、後ろに母音を補ったり、前に母音を付けたりして、発音しやすく、聞き取りやすくしているのです。

B b [be:]	—	英語では「ビー」ドイツ語では「ベー」と読みますがなぜでしょうか？ [b]の発音には変わりはないが、後ろに補っている母音の発音が違うためです。[be:]の[e:]を英語では「イー」と読むので「ビー」となり、ドイツ語では「エー」と読むので「ベー」となるのです。(ただし、ドイツ語の「ベー」は、「ビー」と「ベー」の中間くらいの音です)。
D d [de:] G g [ge:] P p [pe:] T t [te:]		Bと同様です。
F f [ɛf]	—	前に[ɛ]を付けて「エフ」。英語の場合と同様です。
L l [ɛl] M m [ɛm] N n [ɛn] R r [ɛr] S s [ɛs]		Fと同様です。 ただし、RとSの実際の発音については、後述します。
H h [ha:]	—	「ハー」。母音の前だと「ハヒフヘホ」。母音の後だと長音符。
J j [jɔt]	—	「ヨット」。[j]は[y]と同じで「ヤ」「ユ」「ヨ」の子音。
K k [ka:]	—	「カー」。英語は[a:]を「エイ」と読むので「ケイ」。
Q q [ku:]	—	「クー」。英語は[u:]を「ユー」と読むので「キュー」。
V v [faʊ]	—	「ファウ」。「ファオ」に近い。VはFと全く同じ発音。

AI Alphabet：アルファベット

| W w | [veː] | — | 「ヴェー」。実際の発音は英語のVと同じ。 |

| X x | [ɪks] | — | 前に[ɪ]を付けて「イクス」。常に「クス」で、「グズ」とはならない。 |

| Y y | [ˈʏpsilɔn] | — | 「ユプスィロン」。「ユ」は、「ユ」と「イ」と「ウ」の中間音。 |

| Z z | [tsɛt] | — | 「ツェット」。実際の発音は「ツ」。「ズ」や「チ」ではない。 |

ドイツ語独特の文字と発音

　ドイツ語のアルファベットには、英語と同じ26文字のほかに、4つの文字があります。

❶ エスツェット

| ß | | [s] | 以前はsとzの合字で「エスツェット」と呼ばれましたが、今はssの合字です。大文字はありません。実際の発音は「ス」[s]。 |

❷ アーウムラウト（「ウムラウト」は「変音」の意味。）

| Ä ä | 長音 | [ɛː] | 口を大きく開けて「エー」。日本語の「エー」と同じと考えてよい。 |
| | 短音 | [ɛ] | 「エ」。発音記号は長音と同じ。日本語の「エ」と考えてよい。 |

❸ オーウムラウト

| Ö ö | 長音 | [øː] | 「オー」の口の形で「エー」と発音。「オー」と「エー」の中間音。 |
| | 短音 | [œ] | 「オ」の口の形で「エ」。カタカナ表記は「エー」「エ」とする。 |

❹ ウーウムラウト

| Ü ü | 長音 | [yː] | 長音は唇を口笛を吹くように尖らせて「イー」と発音。 |
| | 短音 | [ʏ] | 短音は長音と同じ唇の形で、「イ」。カタカナ表記は「ユー」「ユ」とする。 |

ウムラウトの代用文字

パソコンなどでウムラウトの字が出ない場合は、ä → ae, ö → oe, ü → ue と書きます。ただし、[ae], [oe], [ue] を「アエ」、「オエ」、「ウエ」と読んではいけません。

アクセントとその記号

Y y [ˈʏpsilɔn], ß [ɛsˈtsɛt] のように母音（Y は半母音）の前か、母音の前の子音の前に [ˈ] の記号がある場合、その母音か、子音を含めた母音にアクセントがあり、そこを強く発音します。カタカナ表記では「**ユプス**ィ**ロン**」、「**エス**ツ**ェット**」のようにその部分を太字にします。本書ではこの表記を用いますが、辞書や参考書によっては、アクセント記号を [ýpsilɔn], [ɛstsɛ́t] のように母音の上に付ける場合もあります。

筆記体

筆記体には巻頭の表のようなドイツ人独特のものがあって、H, I, J, Z, r, z など、やや違うところもあります。それを覚えてもよいですが、英語またはローマ字風に書いてもかまいません。

Aussprache 発音
〈アウスシュプラーヘ〉

― 発音記号とカタカナ表記 ―

発音記号を覚えよう

　本書は、とくに発音の解説に力を入れています。発音を覚えてしまえば、ドイツ語で書かれているものは、グリム童話でも、ゲーテの詩でも、シューベルトの歌曲でも、ヘッセの小説でも、カントの哲学書でも、アインシュタインの論文でも、何でも読めるようになり、文法のむずかしさなどは克服できるからです。ドイツ語は比較的カタカナ表記がしやすい外国語ですが、やはり無理があるので、発音記号を覚えるように心がけてください。

　いくつか例をあげてみましょう。

　［L, l］と［R, r］はまったく違う音なのですが、カタカナでは区別ができず、「ル」と表記するしかありません。たとえばGlas［gla:s］（ガラス）とGras［gra:s］（草）は、カタカナでは「グラース」と、まったく同じ表記になります。これを、発音記号を見て区別してください。

　［l］は、舌を上の歯ぐきにつけて「ル」と発音します。

　［r］は、口蓋垂を震わせる音で「ル」と発音します。水なしでうがいをするときの音です。咽喉を閉じない状態で［ga, ge, gi, go, gu］を発音する要領です。これが難しい場合は、巻舌で舌を震わせるように発音してもかまいません。日本語の「ラリルレロ」は、ローマ字で［ra, ri, ru, re, ro］ではなく、［la, li, lu, le, lo］と表記したほうがよいのです。

　文豪Goetheは「ゲーテ」と表記されますが、発音記号は［gø:tə］です。［ge:tə］「ゲーテ」でも［gɛ:tə］「ゲーテ」でもありません。［ø:］は「ウムラウト」のところで説明しましたように、「オー」の口の形で「エー」と発音する音ですから、「ゴェーテ」の「ゴェ」をいっしょに発音する要領で、やや、こもったような音になります。

　作曲家のBachは「バッハ」と表記されますが、発音記号は［bax］で、［x］は「ハ」ではなく、「バ」を発音した口の形で、喉から強く息を吐く音（無声音）です。

　ともかく、カタカナに頼るのではなく、発音記号を覚えてください。発音記号の種類は、アルファベットに使われている30種類のほかに、外来語を除けば8種類しかありません。これは、英語やフランス語の場合よりもはるかに少ないのです。発音記号や発音については「発音一覧」（10頁）を参照してください。

アクセントの位置

　外国語でアクセントは大変重要です。ドイツ語のアクセントは、原則として第一音節にあります。ただし、アクセントのない前つづりが付いた場合は例外で、外来語にも例外が多くあります。アクセントの位置は、発音記号の場合は母音または母音を含む子音の前の［'］によって示されます。カタカナ表記の場合はそれを太字で表します。有名な人物を例にあげましょう。

> 例▶ Mendel［'mɛndəl］「**メン**デル」／Haydn［'haɪdən］「**ハイ**ドン」

弱音の e [ə]

　上例の発音記号［ə］で表される［e］を「弱音の e」といいます。［ə］は英語では弱い「ア」と発音され、フランス語では曖昧な「ウ」と発音されますが、ドイツ語では、弱い「エ」と発音されます。Mendel［'mɛndəl］「**メン**デル」は「**メン**ドゥル」でもよいくらいですし、Haydn［'haɪdən］の［ə］はほとんど発音されず、「**ハイ**ドン」と発音されています。そのくらい弱い音なのです。

発音のカタカナ表記についての注意

　まずアクセントは太字で表します。1 音綴（母音 1 個、二重母音 1 個）の単語には、アクセント記号を付けないのが普通ですが、カタカナにした場合は、太字にします。

> 例▶ Gast［gast］（客）母音1個の単語なので、アクセントの記号はないのですが、カタカナ表記では「**ガスト**」と太字で表します。

［e］［ɛ］［ə］［ø］［œ］これらはみな微妙に音が違うのですが、カタカナではすべて「エ」になってしまいます。
［s］は「ス」で表しますが、これを「su」と読まないこと。
［t］は「ト」で表しますが、これを「to」と読まないこと。

ローマ字式発音

　ドイツ語の発音は、かなりローマ字の発音と似ています。これは母音の発音がローマ字に似ているからです。英語では同じ母音でもいろいろな読み方をします。たとえば、*a, able, all, cat* など a をいろいろな読み方をしますが、ドイツ語は、a は［a:］「アー」と［a］「ア」の長短の区別しかありません。これがドイツ語の発音を単純にしている大きな特徴なのです。もちろんローマ字の読み方とは違うドイツ語独特の発音もかなりありますので、新しい発音記号が出てきたときに、しっかり覚えてください。

母音の長短

ドイツ語の母音は、長く発音する場合と短く発音する場合、次のような原則があります。

1	原則として 1個の子音の前では長音となり 2個の子音の前では短音になります	Name [ˈnaːmə]「**ナーメ**」(名前) Mast [mast]「**マスト**」(マスト)
2	同じ母音が重なると その母音の長音になり ほかの読み方はしません	Haar [haːr]「**ハール**」(髪) Tee [teː]「**テー**」(紅茶) Boot [boːt]「**ボート**」(ボート)
3	h が母音の後にくると 長音符の役目をします	Bahn [baːn]「**バーン**」(軌道) Brahms [braːms]「**ブラームス**」(人名)

これはわが国でもよく使われるようになりましたね。王(Oh)、大野(Ohno)、大岡(Ohoka)など、この表記は定着するでしょう。

発音一覧

母音から子音までの発音一覧です。よく出てくる外来語までしっかり覚えてください。すでに説明したものも出てきますが、それだけ重要なものです。
ドイツ語の名詞は語頭を大文字にします。小文字は名詞以外の単語です。

1 単母音

a [aː] 「アー」	口を大きく開けて「アー」。 Tal [taːl] **タール** 谷／haben [ˈhaːbən] **ハーベン** 持っている〈have〉
a [a] 「ア」	口を大きく開けて「ア」(2個の子音の前の母音は短く発音する) Mann [man] **マン** 男、夫／halten [ˈhaltən] **ハルテン** 保つ
e [eː] 「エー」	「イー」と「エー」の中間音。「イー」を発音する口の形で「エー」と発音する。 Hegel [ˈheːgəl] **ヘーゲル** 人名／geben [ˈgeːbən] **ゲーベン** 与える
e [ɛ] 「エ」	日本語の「エ」と同じと考えてよい。 Bett [bɛt] **ベット** 寝台／essen [ˈɛsən] **エッセン** 食べる
e [ə] 弱い「エ」	口の開け方を小さく、弱く、軽く「エ」と発音する。(既出) Name [ˈnaːmə] **ナーメ** 名前／bekommen [bəˈkɔmən] **ベコンメン** 手に入れる（語頭のbe- にはアクセントがない）

i [iː] 「イー」	唇を狭く両側に強く引きつけ、「イー」と発音する。	
	Bibel ['biːbəl] **ビーベル** 聖書／Kino ['kiːno] **キーノ** 映画館	
i [ɪ] 「イ」	日本語の「イ」と同じでよい。	
	Tinte ['tɪntə] **ティンテ** インク finden ['fɪndən] **フィンデン** 発見する	
o [oː] 「オー」	口を丸く突き出して「オー」と発音する。	
	Brot [broːt] **ブロート** パン／loben ['loːbən] **ローベン** 褒める	
o [ɔ] 「オ」	日本語の「オ」よりもやや唇を丸く突き出して発音する。	
	Morgen ['mɔrgən] **モルゲン** 朝／kommen ['kɔmən] **コンメン** 来る	
u [uː] 「ウー」	日本語の「ウー」よりも強く唇を丸め、突き出して「ウー」と発音する。	
	Hut [huːt] **フート** 帽子／rufen ['ruːfən] **ルーフェン** 叫ぶ	
u [ʊ] 「ウ」	日本語の「ウ」よりも強く唇を丸め、突き出して「ウ」と発音する。	
	Luft [lʊft] **ルフト** 空気／Kunst [kʊnst] **クンスト** 芸術、技術	
aa [aː] **ee** [eː] **oo** [oː]	同じ母音が重なると長音となる。（既出）	
	Haar [haːr] **ハール** 髪／Tee [teː] **テー** 紅茶 Boot [boːt] **ボート** ボート	
ie [iː] 「イー」	ie は i の長音。ii とは書かない。	
	Brief [briːf] **ブリーフ** 手紙／lieben ['liːbən] **リーベン** 愛する	
（変母音）		
ä [ɛː] 「エー」	「アー」を発音する口の形で「エー」を発音する要領。	
	Träne ['trɛːnə] **トレーネ** 涙／gebären [gə'bɛːrən] **ゲベーレン** 産む（語頭の ge- にはアクセントがない）	
ä [ɛ] 「エ」	「ア」を発音する口の形で「エ」を発音する要領。	
	Kälte ['kɛltə] **ケルテ** 寒さ／hängen ['hɛŋən] **ヘンゲン** 掛ける	
ö [øː] 「エー」	「オー」を発音する口の形で「エー」を発音する要領。	
	Flöte ['pøːtə] **フレーテ** フルート／hören ['høːrən] **ヘーレン** 聞く	
ö [œ] 「エ」	「オ」と「エ」の中間音、「オ」の口の形で「エ」を発音する要領。	
	öffnen ['œfnən] **エッフネン** 開く Körper ['kœrpər] **ケルパー** 肉体、物体	

発音 Aussprache：発音

ü [yː] 「ユー」	「ユー」と「イー」と「ウー」の中間音。口笛を吹く唇の形で、声を出す。
	Hügel [ˈhyːgəl] **ヒューゲル** 丘／müde [ˈmyːdə] **ミューデ** 疲れた
ü [ʏ] 「ユ」	「ユ」と「イ」と「ウ」の中間音。唇をすぼめて声を出す。
	Hütte [ˈhʏtə] **ヒュッテ** 小屋／küssen [ˈkʏsən] **キュッセン** キスする

●パソコンなどで ä, ö, ü の文字が出ない場合は、ä→ae, ö→oe, ü→ue と書けばよい。ただし「アエ」「オエ」「ウエ」と読まないように。(再出)

② 二重母音 (CD 4)

ai [aɪ] 「アイ」	「ア」の方を強く発音する。
	Mai [maɪ] **マイ** 五月／Laie [laɪə] **ライェ** 素人
ei [aɪ] 「アイ」	**ドイツ語にはこの綴りが非常に多い。「エイ」と発音しない。**
	Freiheit [ˈfraɪhaɪt] **フライハイト** 自由／klein [klaɪn] **クライン** 小さい
au [aʊ] 「アウ」	[aʊ]の[ʊ]は口を丸く突き出して「ウ」と発音するので、「アオ」に近くなる。
	Frau [fraʊ] **フラウ** 女性、妻、…夫人／blau [blaʊ] **ブラウ** 青い〈blue〉
äu [ɔʏ] 「オイ」	「オ」の方を強く発音する。
	Fräulein [ˈfrɔʏlaɪn] **フロイライン** (未婚の)女性、お嬢さん、…さん träumen [ˈtrɔʏmən] **トロイメン** 夢を見る
eu [ɔʏ] 「オイ」	「オ」の方を強く発音する。
	Europa [ɔʏˈroːpa] **オイローパ** ヨーロッパ heute [ˈhɔʏtə] **ホイテ** 今日は〈today〉

③ ドイツ語独特の注意すべき子音 (1) (CD 5)

j [j]	ローマ字のya「ヤ」yo「ヨ」yu「ユ」の[y]のように発音する。
	Japan [ˈjaːpan] **ヤーパン** 日本／Jodel [joːdəl] **ヨーデル** ヨーデル
v [f] 「フ」	英語の[f]と同じ。
	Vogel [ˈfoːgəl] **フォーゲル** 小鳥／Volk [fɔlk] **フォルク** 国民、民族
w [v] 「ヴ」	英語の[v]と同じ。
	Wagen [ˈvaːgən] **ヴァーゲン** 車／Gewalt [gəˈvalt] **ゲヴァルト** 暴力

12

x [ks] 「クス」	英語の場合のように「グズ」と発音されることはない。	
	Examen [ɛk'saːmən] **エク**ザーメン 試験／Taxi ['taksi] **タ**クスィ タクシー	
z [ts] 「ツ」	（無声音）「ズ」と濁らないように。	
	Zeit [tsaɪt] **ツ**ァイト 時間／tanzen ['tantsən] **タ**ンツェン ダンスをする	

4 注意すべき子音 (2)

母音の後の **h [–]** （無音）	前の母音を長音にする役目をする。（再出）
	Bahn [baːn] **バ**ーン 軌道／gehen ['geːən] **ゲ**ーエン 行く、歩く kühl [kyːl] **キュ**ール 涼しい
母音の前の **s [z]** 「ズ」	**必ず濁る**。sa「ザ」se「ゼ」si「ズィ」so「ゾ」su「ズ」。
	Sommer ['zɔmər] **ゾ**ンマー 夏 reisen ['raɪzən] **ラ**イゼン 旅行する
語頭の **sp [ʃp]** 「シュプ」	語頭のpの前のsは [ʃ]「シュ」。合成語の場合注意。
	Speise ['ʃpaɪzə] シュ**パ**イゼ 食べ物 spielen ['ʃpiːlən] シュ**ピ**ーレン 遊ぶ
語頭の **st [ʃt]** 「シュト」	語頭のtの前のsは [ʃ]「シュ」。合成語の場合注意。
	Stern [ʃtɛrn] シュ**テ**ルン 星／still [ʃtɪl] シュ**ティ**ル 静かな [注] 語頭でない場合は「スト」となる。ただし合成語で、もとの単語の語頭の場合は「シュト」となる。 gestern [gɛstərn] **ゲ**スターン 昨日／Einstein ['aɪnʃtaɪn] **ア**インシュタイン
語末の **b [p]** 「プ」	濁って発音される [b d g] が語末にくると [p t k] となる。
	halb [halp] **ハ**ルプ 半分の gelb [gɛlp] **ゲ**ルプ 黄色い
語末の **d [t]** 「ト」	[to]ではなく、[t]。
	Kind [kɪnt] **キ**ント 子供 und [ʊnt] **ウ**ント そして
語末の **g [k]** 「ク」	-gは[k]「ク」。ただし-ngは[-ŋ]「グ」（半濁音）（→15頁）
	Tag [taːk] **タ**ーク 日、昼／weggehen ['vɛkgeːən] **ヴェ**ックゲーエン 去る [注] b d g の後に母音がくると、濁って発音される。 Halbe ['halbə] **ハ**ルベ 半分／Kinder ['kɪndər] **キ**ンダー 子供たち Tage ['taːgə] **タ**ーゲ 日々

13

語末の **ig** [ɪç]「イヒ」	[ç]は[i]を発音する唇の形で強く息を吐く無声音。 König [ˈkøːnɪç] **ケーニヒ** 王／nötig [ˈnøːtɪç] **ネーティヒ** 必要な [注] これらの語の後に母音がくると、[ç]は[g]に戻る。 Königin [ˈkøːnɪgɪn] **ケーニギン** 女王 nötigen [ˈnøːtɪgən] **ネーティゲン** 強要する
語末の **er** [ər] 「アー」	2音綴以上の語の語末の-erは「アー」となる。辞書や参考書によっては、[ər]を[ɐ]と表記しているものもあります。 Mutter [ˈmʊtər] **ムッター** 母 Bruder [ˈbruːdər] **ブルーダー** 兄弟
er [ɛr] 「エア」	1音綴の冠詞、代名詞、前綴りの場合は[r]のみを母音化します。 der [dɛr] **デア**（定冠詞） verlassen [fɛrˈlasən] **フェアラッセン** 見捨てる （語頭のver-にはアクセントがない）[r]を[ɐ]と表記する辞書・参考書もあります。
語末の **r** [r] 「ァ」	語末のrは母音化されて「ァ」（弱音）と発音する。[r]を[ɐ]と表記する辞書・参考書もあります。 Tür [tyːr] **テューァ** ドア／Bier [biːr] **ビーァ** ビール

5 注意すべき子音（3）

	ach-Laut [axlaʊt]「アッハラウト」のch [x]「ハ」「ホ」「フ」
-ch [x]	（喉から強く息を吐く無声音）（笑う要領。アッハハハ、オッホホホ、ウッフフフ）発音記号が[x]なのに、aの後が「ハ」、oの後が「ホ」、uの後が「フ」となるのは、母音の発音の口の形との関連です。
aの後 「ハ」	[ha]と発音しないように。[a]を発音する口の形で喉から強く息を吐く。 Bach [bax] **バッハ** 小川、（人名）／lachen [ˈlaxən] **ラッヘン** 笑う
oの後 「ホ」	[ho]と発音しないように。[o]を発音する口の形で喉から強く息を吐く。 doch [dox] **ドッホ** しかし／Bochum [ˈboːxʊm] **ボーフム** 都市名
uの後 「フ」	[fu]と発音しないように。[u]を発音する口の形で喉から強く息を吐く。 Buch [buːx] **ブーフ** 本／Kuchen [ˈkuːxən] **クーヘン** ケーキ
auの後 「ホ」	[aʊ]の[ʊ]は唇を突き出して発音するので、「アオ」に近くなる。 auch [aʊx] **アウホ** …もまた／rauchen [ˈraʊxən] **ラウヘン** タバコを吸う

	ich-Laut [ɪçlaʊt]「イッヒラウト」の ch [ç]「ヒ」
-ch [ç] 「ヒ」	([i]を発音する唇の形で強く息を吐く無声音)(イッヒヒヒ、ただし、エッヘヘヘではなく、エッヒヒヒ) a, o, u, au 以外の母音と子音の後はすべて[ç]「ヒ」。
	rechnen ['rɛçnən] **レヒネン** 計算する／wichtig ['vɪçtɪç] **ヴィヒティヒ** 重要な／Milch [mɪlç] **ミルヒ** ミルク／Männchen ['mɛnçən] **メンヒェン** 小人
-chs [ks] 「クス」	(無声音) 英語の「x」に対応。
	Fuchs [fʊks] **フックス** 狐〈fox〉 wachsen ['vaksən] **ヴァックセン** 成長する
-dt [t] 「ト」	単独の[t]と同じ。「ドト」とならないように。
	Stadt [ʃtat] **シュタット** 町 Verwandte [fɛr'vantə] **フェアヴァンテ** 親戚
-ng [ŋ] 「ング」	(半濁音) ngの[g]は強く発音しません。(例：Hongkongホンコン)。[n]と[ng]を区別すること。神田 (kanda)のnと本郷(hongo)のnはカタカナで書くとどちらも「ン」ですが、まったく違います。
	Finger ['fɪŋər] **フィンガー** 指 lang [laŋ] **ラング** 長い (「ランク」と発音しないように)
pf [pf] 「プフ」	pとfを別々に発音せず、唇を[p]から[f]にずらす。
	Pflanze ['pflantsə] **プフランツェ** 植物 Apfel ['apfəl] **アプフェル** リンゴ
qu [kv] 「クヴ」	quの[u]を[v]のように発音する。quで始まる単語は少数。
	Quelle ['kvɛlə] **クヴェレ** 水源 bequem [bə'kveːm] **ベクヴェーム** 快適な
sch [ʃ] 「シュ」	(無声音) 英語の「sh」に対応する。
	Fisch [fɪʃ] **フィッシュ** 魚〈fish〉 schön [ʃøːn] **シェーン** 美しい
tsch [tʃ] 「チュ」	(無声音)
	Deutsch [dɔʏtʃ] **ドイッチュ** ドイツ語 klatschen ['klatʃən] **クラッチェン** 拍手する

-ds, -ts, -tz [ts] 「ツ」	（無声音） abends [ˈaːbənts] **ア**ーベンツ 夕方に／nachts [naxts] **ナ**ハツ 夜に／Platz [plats] プ**ラ**ッツ 場所／sitzen [ˈzɪtsən] **ズ**ィッツェン すわっている
-ss [s] 「ス」	（無声音）前の母音が短音。（新正書法）
	Wasser [ˈvasər] **ヴ**ァッサー 水 Fluss [flʊs] フ**ル**ス 川、河
-ß [s] 「ス」	（無声音）前の母音が長音か二重母音。
	Straße [ˈʃtraːsə] シュト**ラ**ーセ 街道 groß [groːs] グ**ロ**ース 大きな

6 注意すべき人名、地名、外来語（アクセントの位置に注意）
（CD 8）

ay [aɪ] 「アイ」	ay＝ai
	Bayern [ˈbaɪərn] バ**イ**ヤーン、バイ**エ**ルン 州名 Bayreuth [baɪˈrɔʏt] バイ**ロ**イト 都市名
ey [aɪ] 「アイ」	ey＝ai
	Meyer [ˈmaɪər] **マ**イヤー 人名 Freytag [ˈfraɪtaːk] フ**ラ**イターク 人名（作家）
eu [ˈeːʊ] 「エーウ」	ギリシア語系。
	Museum [muˈzeːʊm] ム**ゼ**ーウム 博物館、美術館
äu [ˈɛːʊ] 「エーウ」	ギリシア語系。
	Jubiläum [jubiˈlɛːʊm] ユビ**レ**ーウム 記念祭
ie [iə] 「イェ」	「イ」と「エ」（弱音）を別々に発音する。
	Familie [faˈmiːliə] ファ**ミ**ーリェ 家族 Ferien [ˈfeːriən] **フェ**ーリェン 休暇
y [ʏ] 「ユ」	[ü]の発音と同じ。
	Gymnasium [ɡʏmˈnaːziʊm] ギュム**ナ**ーズィウム ギムナジウム（中・高等学校）
y [yː] 「ユー」	[üː]の発音と同じ。
	Lyrik [ˈlyːrɪk] **リュ**ーリク 抒情詩

c [k] 「ク」	ca [ka], co [ko], cu [ku] となる。cで始まる単語はすべて外来語。	
	Café [ka'fe:]　カフェー　喫茶店 Cousine [ku'zi:nə]　クズィーネ　（女性の）いとこ	
c [ts] 「ツ」	ce [tse], ci [tsi], cä [tsɛ] となる。	
	Cäsar ['tsɛ:zar]　ツェーザル　人名（シーザー）	
ch [k] 「ク」	文頭のCh。	
	Christus ['krɪstʊs]　クリストゥス　キリスト Charakter [ka'raktər]　カラクター　性格	
ch [ʃ] 「シュ」	フランス語系。	
	Chef [ʃɛf]　シェフ　長（局、部、課などの）	
g [ʒ] 「ジュ」	フランス語系。	
	Genie [ʒe'ni:]　ジェニー　天才	
ph [f] 「フ」	英語の[f]と同じ。	
	Philosophie [filozo'fi:]　フィロゾフィー　哲学 Triumph [tri'ʊmf]　トリウムフ　勝利	
rh [r] 「ル」	rhの[h]は発音しない。	
	Rhein [raɪn]　ライン　河川名 Rhetorik [re'to:rɪk]　レトーリク　修辞学	
th [t] 「ト」	単独の[t]と同じ。[h]は発音しない。	
	Theater [te'a:tər]　テアーター　劇場 Luther ['lʊtər]　ルター　人名	
t [ts] 「ツ」	-tia ツィア　-tie ツィエ　-tio ツィオ　となる。	
	Station [ʃtatsi'o:n]　シュタツィオーン　駅 Patient [patsi'ɛnt]　パツィエント　患者	
v [v] 「ヴ」	英語・フランス語の[v]と同じ。	
	Vase ['va:zə]　ヴァーゼ　花瓶 Klavier [kla'vi:r]　クラヴィーア　ピアノ	

発音練習

■聞きなれた言葉で発音の確認をしましょう。〈カタカナ表記次頁〉

Arbeit [ˈarbaɪt]	**Edelweiß** [ˈeːdəlvaɪs]	**Porsche** [ˈpɔrʃə]
Audi [ˈaʊdɪ]	**Eisen** [ˈaɪzən]	**Röntgen** [ˈrœntgən]
Autobahn [ˈaʊtobaːn]	**Energie** [enɛrˈgiː]	**Rucksack** [ˈrʊkzak]
Baumkuchen [ˈbaʊmkuːxən]	**Gelände** [gəˈlɛndə]	**Schlafsack** [ˈʃlaːfzak]
Benz [bɛnts]	**Haken** [ˈhaːkən]	**Seil** [zaɪl]
BMW [beː-ɛm-veː]	**Hütte** [ˈhʏtə]	**Spitz** [ʃpɪts]
Bogen [ˈboːgən]	**Jacke** [ˈjakə]	**Spur** [ʃpuːr]
Bundesliga [ˈbʊndɛsliːga]	**Jodel** [ˈjoːdəl]	**Strauß** [ʃtraʊs]
Dachshund [ˈdakshʊnt]	**Lufthansa** [ˈlʊfthanza]	**Volkswagen** [ˈfɔlksvaːgən]
Diesel [ˈdiːzəl]	**Pickel** [ˈpɪkəl]	**Wandervogel** [ˈvandərfoːgəl]

18

Aussprache：発音

Arbeit [**ア**ルバイト]	**Edelweiß** [**エ**ーデルヴァイス]	**Porsche** [**ポ**ルシェ]
Audi [**ア**ウディ]	**Eisen** [**ア**イゼン]	**Röntgen** [**レ**ントゲン]
Autobahn [**ア**ウトバーン]	**Energie** [エネル**ギ**ー]	**Rucksack** [**ル**ックザック]
Baumkuchen [**バ**ウムクーヘン]	**Gelände** [ゲ**レ**ンデ]	**Schlafsack** [シュ**ラ**ーフザック]
Benz [**ベ**ンツ]	**Haken** [**ハ**ーケン]	**Seil** [**ザ**イル]
BMW [**ベ**ー エム ヴェー]	**Hütte** [**ヒュ**ッテ]	**Spitz** [シュ**ピ**ッツ]
Bogen [**ボ**ーゲン]	**Jacke** [**ヤ**ッケ]	**Spur** [シュ**プ**ーア]
Bundesliga [**ブ**ンデスリーガ]	**Jodel** [**ヨ**ーデル]	**Strauß** [シュト**ラ**ウス]
Dachshund [**ダ**ックスフント]	**Lufthansa** [**ル**フトハンザ]	**Volkswagen** [**フォ**ルクスヴァーゲン]
Diesel [**ディ**ーゼル]	**Pickel** [**ピ**ッケル]	**Wandervogel** [**ヴァ**ンダーフォーゲル]

19

ドイツ語の発音を標準語表記にしよう！

ドイツ語は、英語やフランス語に比べてカタカナで表記しやすい言葉です。それなのに明治時代以来正しくない表記が訂正されないまま、辞書や百科事典や専門書や教科書や地図や新聞やテレビにまで使われています。ここにいくつか例を挙げて、標準語表記と発音を提案したいと思います。（順不同）

| ✕ ワイマール | ➡ ◯ ヴァイマル | Weimar ['vaɪmar]（都市名） |

ワイマール、ワイマール共和国、ワイマール憲法、ワイマール条約、等々の表記をよく見かけますが、これらはすべて「ヴァイマル」が正しいのです。
『世界大百科事典』（平凡社）、『日本大百科全書』、『大日本百科事典』、『万有百科大事典』、『日本国語大辞典』『大辞泉』（小学館）、『学芸百科事典』（旺文社）、『広辞苑』6版（岩波書店）、『大辞林』、『新明解国語辞典』（三省堂）、『日本語大辞典』（講談社）等々で、解説のある見出し語の表記がすべて「ワイマール」となっており、そのせいか、新聞や高校の歴史の教科書でもそのように表記されていますが、これは、ぜひ正していただきたい。編集上の都合で「ヴ」を使わない場合は、「ワイマル」とすべきでしょう。わが国では「ワイマール」が定着しているというのであれば、「ワイマール」→「ヴァイマル」とするか、「ワイマール」の解説に、『正しくは「ヴァイマル（ワイマル）』とつけ加えていただきたい。
「w」は、標準ドイツ語では「ヴ」ですが、ドイツ語圏でも英語のように発音する地方もあります。Volkswagen ['fɔlksva:gən]「フォルクスヴァーゲン」→「フォルクスワーゲン」、Wandervogel ['vandərfo:gəl]「ヴァンダーフォーゲル」→「ワンダーフォーゲル」などもその例です。

| ✕ ベルリン | ➡ ◯ ベルリーン | Berlin [bɛr'li:n]（都市名） |

ドイツ連邦共和国の首都は、「ベルリン」と表記（『世界大百科事典』『日本大百科全書』『大日本百科事典』『万有百科大事典』『大辞泉』『学芸百科事典』『広辞苑』『大辞林』『日本語大辞典』等々）されており、新聞やテレビでもそれが使われていますが、これをほとんどの人は「ベルリン」と「ベ」にアクセントを置いて発音します。しかし、これをドイツ語圏の人が聞くと、スイスの首都「ベルン」と聞き違えてしまいます。「ベルリーン」[bɛr'li:n]というのが標準語の発音ですから、「ベルリーン」と表記することを提案します。

この都市の有名な管弦楽団も、Berliner Philharmoniker「ベルリーナー・フィルハルモーニカー」です。

| ✕ ミュンヘン | ➡ | ◯ ミュンヒェン | München ['mʏnçən]（都市名） |

　バイエルン州の首都、ビールの都は、前記の辞典類（『世界大百科事典』『日本大百科全書』『大日本百科事典』『万有百科大事典』『日本国語大辞典』『大辞泉』『学芸百科事典』『広辞苑』『大辞林』『日本語大辞典』等々）や新聞やテレビ等々で「ミュンヘン」と表記され、発音されていますが、正しくは「ミュンヒェン」です。
　-chen は、「ヘン」と発音される場合と、「ヒェン」と発音される場合があり、厳密に区別されます。**-chen が［xən］「ヘン」と発音される場合は、a, o, u, au に続く場合だけ**です。

> 例▶ Aachen ['aːxən] 「**アーヘン**」（都市名）
> Wochentag ['vɔxəntaːk] 「**ヴォッヘンターク**」（週日）
> Kuchen ['kuːxən] 「**クーヘン**」（ケーキ）
> rauchen ['raʊxən] 「**ラオヘン**」（喫煙する）　　　　など

上記以外の母音や子音に続く場合はすべて［çən］「ヒェン」と発音されます。

> 例▶ reichen ['raɪçən] 「**ライヒェン**」（渡す）
> riechen ['riːçən] 「**リーヒェン**」（匂う）
> Mädchen ['mɛːtçən] 「**メートヒェン**」（少女）

| ✕ メルヘン | ➡ | ◯ メールヒェン | Märchen ['mɛːrçən]（童話、など） |

　「童話」などの意味で使われている「メルヘン」（『世界大百科事典』『大日本百科事典』『万有百科大事典』『日本国語大辞典』『大辞泉』『広辞苑』『大辞林』『新明解国語辞典』『日本語大辞典』等々）も「メルヒェン」（『日本大百科全書』）も、正しくは「メールヒェン」Märchen ['mɛːrçən]です。中原中也の詩「ひとつのメルヘン」も、発音上は「ひとつのメールヒェン」が正しいのです。これも、日本では「メルヘン」で定着しているというのであれば、「メルヘン」→「メールヒェン」とするか、『大日本百科事典』のように、『正しくは「メールヒェン」という』、とつけ加えていただきたい。

| ✕ チューリヒ | ➡ | ◯ ツューリヒ | Zürich ['tsyːrɪç]（都市名） |

　「チューリヒ」（『世界大百科事典』『日本大百科全書』『万有百科大事典』『日本国語大辞典』『大辞泉』『学芸百科事典』『広辞苑』『大辞林』『日本語大辞典』等々）

は誤りで、「ツューリヒ」が正しい。「ツュー」は発音しにくく、「チュー」の方が発音しやすいかもしれませんが、[Zü] を「チュ」と発音するのは正しくありません。[Z] は、ドイツ語のアルファベットでは「ツェット」と発音され、実際の発音は「ツ」[ts] 以外にありません。

例▶ Mainz [maɪnts]「マインツ」
　　Benz [bɛnts]「ベンツ」
　　Mozart ['moːtsart]「モーツァルト」

「**チ**ゴイネルワイゼン」Zigeunerweisen [tsi'gɔʏnərvaɪzən]（ジプシーの歌）も「**ツィ**ゴイナーヴァイゼン」です。

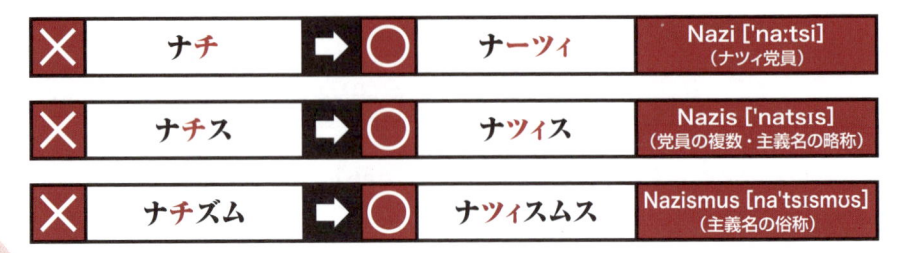

✕	ナ**チ**	➡	◯	ナー**ツィ**	Nazi ['naːtsi]（ナツィ党員）
✕	ナ**チ**ス	➡	◯	ナ**ツィ**ス	Nazis ['natsɪs]（党員の複数・主義名の略称）
✕	ナ**チ**ズム	➡	◯	ナ**ツィ**スムス	Nazismus [na'tsɪsmʊs]（主義名の俗称）

ナツィス（Nazis）は、Nazi 党員（正式には国家社会主義ドイツ労働者党 Die Nationalsozialistische Deutsche Arbeiterpartei の党員）の複数、またはナツィオナールゾツィアリスムス Nationalsozialismus [natsio'naːlzotsialɪsmʊs]（国家社会主義）の略称・俗称ですが、ほとんどの事典・辞書の見出し語は「ナチス」となっています。もちろん「ナツィス」が正しいのですが、「テレビ」を「テレヴィ」と書かないように、「ナチス」があまりにも一般的表記として普及してしまったので、やむを得ないのでしょう。せめて "正しい発音は「ナツィス」である"、と付記していただきたい。

| ✕ | ライプ**チ**ヒ | ➡ | ◯ | ライプ**ツィ**ヒ | Leipzig ['laɪptsɪç]（都市名） |

「ライプチヒ」（『世界大百科事典』『大日本百科事典』『万有百科大事典』『日本国語大辞典』『大辞泉』『学芸百科事典』『広辞苑』『大辞林』『日本語大辞典』等々）は誤りで、「ライプツィヒ」（『日本大百科全書』）が正しい。（『広辞苑』『大辞泉』には、「ライプツィヒ」の添え書きあり）。zi [tsɪ] は前記のように、「チ」ではなく、「ツィ」です。

| ❌ ゲッチンゲン | ➡ | ⭕ ゲッティンゲン | Göttingen [ˈgœtɪŋən]
(都市名) |

「ゲッチンゲン」（『日本国語大辞典』『学芸百科事典』『大辞林』）ではなく「ゲッティンゲン」（『世界大百科事典』『日本大百科全書』『大日本百科事典』『広辞苑』『大辞泉』『日本語大辞典』）が正しい。

| ❌ チュービンゲン | ➡ | ⭕ テュービンゲン | Tübingen [ˈtyːbɪŋən]
(都市名) |

「チュービンゲン」（『世界大百科事典』『日本大百科全書』『万有百科大事典』『日本国語大辞典』『大辞泉』『大辞林』『日本語大辞典』等々）ではなく、「テュービンゲン」が正しい。Tü [tyː]は「チュー」ではなく、「テュー」です。

| ❌ チューリンゲン | ➡ | ⭕ テューリンゲン | Thüringen [ˈtyːrɪŋən]
(州名) |

「チューリンゲン」（『世界大百科事典』『日本大百科全書』『大日本百科事典』『日本国語大辞典』『大辞泉』『学芸百科事典』『広辞苑』）ではなく、「テューリンゲン」が正しい。

| ❌ ハノーバー
ハノーヴァー | ➡ | ⭕ ハノーファー | Hannover [haˈnoːfɐr]
(都市名) |

「ハノーバー」（『日本大百科全書』『大日本百科事典』『万有百科大事典』『大辞泉』『大辞林』『日本語大辞典』）は誤りです。たぶん「ハノーヴァー」と読んで、「ヴ」を使わないので、「バ」にしたのではないかと思われますが、そうであれば、二重の誤りを犯したことになります。「ハノーヴァー」も誤りで、「ハノーファー」（『世界大百科事典』『広辞苑』）が正しい。ハノーファーは、標準語に近いドイツ語が話されている都市として有名です。

| ❌ ビュルテンベルク | ➡ | ⭕ ヴュルテンベルク | Württemberg [ˈvʏrtəmbɛrk]
(地方名) |

「ビュルテンベルク」（『世界大百科事典』『日本国語大辞典』『大辞泉』『大辞林』『日本語大辞典』）は誤りで、「ヴュルテンベルク」（『広辞苑』）が正しい。「ウュルテンベルク」（『日本大百科全書』『大日本百科事典』）の表記もある。Wü [vʏ]は「ヴュ」であり「ビュ」はbü [by]です。「ヴァヴィヴヴェヴォ」を「バビブベボ」にするのは、おかしい。

外来語が氾濫している現在、そろそろ「ヴ」を復活させる時期ではないでしょうか。

| ✕ | ビュルツブルク | ➡ | ◯ | ヴュルツブルク | Würzburg [ˈvʏrtsbʊrk]（都市名） |

「ビュルツブルク」（『世界大百科事典』『日本語大辞典』）は誤り、「ヴュルツブルク」（『日本国語大辞典』『広辞苑』）が正しい。「ウュルツブルク」の表記（『日本大百科全書』『大日本百科事典』『万有百科大事典』）もあります。wü は「ヴュ」です。

| ✕ | ツバイク | ➡ | ◯ | ツヴァイク | Zweig [tsvaɪk]（人名） |

作家シュテファン・ツヴァイク、アルノルト・ツヴァイクが「ツバイク」（『大辞林』）と表記されていますが、「ヴァ」と「バ」の混同は避けていただきたい。「ツヴァイク」（『広辞苑』）が正しい。「ヴ」を使わないのであれば、せめて「ツワイク」（『世界大百科事典』『日本大百科全書』『大日本百科事典』『万有百科大事典』『日本国語大辞典』『大辞泉』『学芸百科事典』『日本語大辞典』）にしていただきたい。

| ✕ | ワグナー | ➡ | ◯ | ヴァーグナー | Wagner [ˈvaːgnər]（人名） |

「ワグナー」（『広辞苑』『大辞林』『大辞泉』）は誤りで、「ヴァーグナー」または「ワーグナー」（『世界大百科事典』『日本大百科全書』『大日本百科事典』『万有百科大事典』『学芸百科事典』『日本語大辞典』）が正しい。作曲家、楽劇の創始者は従来「ワグナー」と表記・発音されることが多かったようですが、これも言葉の切れ目が Wag-ner なのです。「w」を英語のように発音する地方があることはすでに述べましたが、その場合は「ワーグナー」となります。しかし標準語では「ヴァーグナー」です。

| ✕ | ワイズマン | ➡ | ◯ | ヴァイスマン | Weismann [ˈvaɪsman]（人名） |

「ワイズマン」（『大辞林』）は誤りです。「ヴァイスマン」が正しい。「ヴ」を使わない場合は「ワイスマン」（『世界大百科事典』『日本大百科全書』『大日本百科事典』『万有百科大事典』『日本国語大辞典』『大辞泉』『学芸百科事典』『広辞苑』『日本語大辞典』）がよいでしょう。ネオ・ダーウィニズムの提唱者であり、獲得形質は遺伝しないことを証明した有名な動物学者です。『広辞苑』には「ヴァイスマン」の付記があります。Weis を「ワイズ」と読むのは、英語風なのでしょうか。生物学の本でも見かけます。

| ? | ワッセルマン | ➡ | 〇 | ヴァッサーマン | Wassermann [ˈvasərman]（人名） |

「ワッセルマン」（『世界大百科事典』『日本大百科全書』『大日本百科事典』『万有百科大事典』『日本国語大辞典』『大辞泉』『学芸百科事典』『広辞苑』『大辞林』『新明解国語辞典』『日本語大辞典』）。梅毒の血清反応を発見した細菌学者の名にちなんで「ワッセルマン反応」と言われてきましたが、これは明治時代の発音で、現在では「ヴァッサーマン」が普通です。これも「ワッセルマン」→「ヴァッサーマン」としていただきたい。劇作家 Schiller [ˈʃɪlər]「シラー」が明治時代には「シルレル」と表記されていましたが、これもこの類でしょう。「ワッサーマン」（『世界大百科事典』）の表記もあります。

✕	アウグスブルク	➡	〇	アウクスブルク	Augsburg [ˈaʊksbʊrk]（都市名）
✕	フロイド	➡	〇	フロイト	Freud [frɔyt]（人名）
✕	ハンブルグ	➡	〇	ハンブルク	Hamburg [ˈhambʊrk]（都市名）

通常濁って発音される［b, d, g］（ブ・ドゥ・グ）が、綴り末にくると［p, t, k］（プ・トゥ・ク）となることは、13頁で説明した通りです。これは現在かなり直ってきてはおりますが、ときどき間違った表記や発音を見たり聞いたりすることがあります。

「アウグスブルク」（『大日本百科事典』『日本国語大辞典』『大辞泉』『学芸百科事典』『日本語大辞典』）は誤りで、「アウクスブルク」（『世界大百科事典』『日本大百科全書』『広辞苑』『大辞林』）が正しい。

また、Freud [frɔyt]「フロイト」を「フロイド」、Lied [liːt]「リート」（歌、歌曲）を「リード」と発音されているのをよく耳にします。Lied の複数は、Lieder [liːdər]「リーダー」となります。後ろに母音がくると、濁るわけです。

ドイツには、-berg, -burg という地名が多いので、「ベルグ」「ブルグ」と発音しないように気をつけてください。地名に -er の語尾が付くと、「…の」、「…風の」という意味の形容詞になり、「g」が濁って発音されます。

例▶ Hamburg「ハンブルク」→ Hamburger「ハンブルガー」
　　　　　　　　　　　　　　　　　　（ハンブルクの、ハンブルク風の）
　　Hamburger Steak「ハンブルガー ステーク」（ハンバーガー ステーキ）

Aussprache：発音

| ✕ ライプニッツ | ➡ | ◯ ライブニッツ | Leibniz ['laɪbnɪts]
(人名) |

　モナド論、予定調和説などで有名なドイツの哲学者・数学者は、ほとんどの事典や辞書や哲学書でも「ライプニッツ」と表記されていますが、「ライブニッツ」が正しく、これは、綴り末の［b, d, g］が後ろに母音がこないときは［p, t, k］となるというドイツ語の発音の原則の例外のようです。

| ✕ ニュールンベルグ | ➡ | ◯ ニュルンベルク | Nürnberg ['nʏrnbɛrk]
(都市名) |

　「ニュールンベルグ」、「ニュールンベルク」(『大辞林』)は誤りで、「ニュルンベルク」(『世界大百科事典』『日本大百科全書』『大日本百科事典』『大辞泉』『広辞苑』『日本語大辞典』)が正しい。-er が付くと「ニュルンベルガー」となります。

> 例▶ **Nürnberger Wurst**「**ニュルンベルガー ヴルスト**」
> 　　　　　　　　　　　　　　　　　　(ニュルンベルク風ソーセージ)

| ✕ ドレスデン | ➡ | ◯ ドレースデン | Dresden ['dre:sdən]
(都市名) |

　「ドレスデン」(『世界大百科事典』『日本大百科全書』『大日本百科事典』『万有百科大事典』『日本国語大辞典』『大辞泉』『学芸百科事典』『広辞苑』『大辞林』『日本語大辞典』)は誤りです。「ドレースデン」が正しい。2個の子音の前の母音は短音だという原則に反するように思われますが、言葉の切れ目が Dres-den なのです。

| ✕ ベートーベン | ➡ | 外国語 | ベートーヴェン |
| | | 標準語 | ベートホーフェン |

Beethoven ['be:tho:fən]
(人名)

　「ベートーベン」(『世界大百科事典』『日本大百科全書』『大日本百科事典』『万有百科大事典』『大辞泉』『学芸百科事典』『大辞林』『日本語大辞典』等々)は誤りです。「ベートーヴェン」(『広辞苑』)という発音が一般的になっていますが、これも「v」を「ヴ」と発音する英語やフランス語の発音、つまり外国の発音で、標準ドイツ語の発音は、「ベートホーフェン」です。「ベートーヴェン」という表記と発音が世界的に普及しておりますので、あえて「ベートホーフェン」と表記・発音する必要はありませんが、記憶しておいてください。

| ✕ グラフ | ➡ | ◯ グラーフ | Graf [graːf]
(人名) |

テニスでゴールデン・グランドスラム（全米、全英、全仏、全豪とオリンピックで優勝）を達成した選手は、わが国では「シュテフィ・グラフ」と紹介されていましたが、「シュテフィ・グラーフ」Steffi Graf [ˈʃtɛfi gˈraːf] が正しい。

| ✕ イナバウアー | ➡ | ◯ イーナ・バウアー | Ina [ˈiːna] Bauer
(人名) |

フィギュアスケートで、「イナバウアー」という言葉が有名になりましたが、これは、あの技術を最初にやった女性の名前で、「イーナ・バウアー」Ina Bauer [ˈiːna ˈbaʊər] が正しい。

これに限らず、ドイツのスポーツ選手の名前にときどき間違った表記が見られるので、注意していただきたい。

標準ドイツ語の発音を、英語や日本語向きの発音表記にしている例として、wa［ヴァ］を［ワ］としている例（Wagner［ワーグナー］、Wagen［ワーゲン］など）はすでに挙げましたが、そのほかいくつか追加しておきます。

| ✕ ビー・エム・ダブリュウ | ➡ | ◯ ベー・エム・ヴェー | BMW [beː ɛm veː]
(車名) |

今は英語式に「ビー・エム・ダブリュウ」と発音されることが多いですが、標準語では「ベー・エム・ヴェー」です。Bayerische Motorenwerke「バイエリシェ・モトーレンヴェルケ」バイエルン自動車製作所の略称であり、同社製の自動車です。

| ✕ メルセデス・ベンツ | ➡ | ◯ メルツェーデス・ベンツ | Mercedes-Benz [mɛrˈtseːdɛs bɛnts]
(車名) |

わが国では「メルセデス・ベンツ」と英語式・日本人向きに表記され、発音されていますが、標準語では「メルツェーデス・ベンツ」です。車の名前は、わが国では「ベンツ」と言っていますが、ドイツでは、「メルツェーデス」というのが普通です。「ベンツ」は人名であり会社名だからでしょう。つまり、「クラウン」を「トヨタ」といっているようなものなのです。

| ✕ シーボルト | ➡ | ◯ ズィーボルト | Siebold ['zi:bɔlt]（人名） |

江戸時代にオランダの医官として来日したシーボルトは、実はドイツ人なので、「ズィーボルト」が正しい。

| ✕ シーメンス | ➡ | ◯ ズィーメンス | Siemens ['zi:məns]（人名） |

ドイツの会社名としてテレビなどで「シーメンス」と紹介されているのは、標準語では「ズィーメンス」です。人名であり、会社名です。

| ✕ ローデンストック | ➡ | ◯ ローデンシュトック | Rodenstock ['ro:dənʃtɔk]（会社名） |

メガネの製品名として「ローデンストック」と言われているのは、標準語では「ローデンシュトック」です。人名であり、会社名です。ドイツ語ではｐとｔの前のｓは、シュ [ʃ] と発音されます。(13頁参照)

漫画のドイツ語発音表記

　私の愛読した漫画に、『ゴルゴ13』や『美味しんぼ』がありますが、これらの漫画にときどき、フランス語やドイツ語が出てきて、ルビが付いているところがあります。フランス語の場合は正確なのですが、ドイツ語の場合はなぜか間違っていることがあります。目についたところを書いておきます。

『ゴルゴ13』

オラニエンベルグ	→ オラーニエンベルク	Oranienberg	（1巻 52頁）
ハンブルグ	→ ハンブルク	Hamburg	（1巻 34頁）
ゲッペルス	→ ゲッベルス	Goebbels	（1巻 252頁）
ドイッチュランド	→ ドイッチュラント	Deutschland	（4巻 301頁）
インデア ベルト	→ イン デア ヴェルト	in der Welt	（4巻 301頁）
フルトベングラー	→ フルトヴェングラー	Furtwängler	（4巻 287頁）
アルフレッド・ハウゼ	→ アルフレート・ハウゼ	Alfred Hause	（4巻 288頁）
アマイゼンバール	→ アーマイゼンベーア	Ameisenbär「大アリクイ」	
			（10巻 152, 200, 218, 234, 259頁）
ニュールンベルグ	→ ニュルンベルク	Nürnberg	（29巻 182, 219頁）
ハノーヴァー	→ ハノーファー	Hannover	（29巻 183頁）
ミュンヘン	→ ミュンヒェン	München	（61巻 6, 7, 26頁）
アウグスブルク	→ アウクスブルク	Augsburg	（61巻 30, 32頁）
ゴブレンツ街	→ コーブレンツ街	Koblenz Straße	（87巻 91頁）
ベートーベン	→ ベートーヴェン／ベートホーフェン	Beethoven	（87巻 92, 176頁）

『美味しんぼ』

44巻「とんでもない親友」に、
「アップルシュトュリューデル」「アップルストュリューデル」という表記が出てきますが、これは「アプフェルシュトルーデル」Apfelstrudel です。
銘菓「ザッハトルテ」で有名なコンディトライ Konditorei（菓子製造喫茶店）Demel が「デメール」となっていますが、これは「デーメル」です。（ついでながら、この日本店「デメル」も「デーメル」です）。
「ハプスブルグ」は「ハープスブルク」Habsburg
「リリエンベルグ」は「リーリェンベルク」Lilienberg です。

■基数の読み方

0	null ヌル	10	zehn ツェーン	20	zwanzig ツヴァンツィヒ
1	eins アインス	11	elf エルフ	21	einundzwanzig アインウントツヴァンツィヒ
2	zwei ツヴァイ	12	zwölf ツヴェルフ	22	zweiundzwanzig ツヴァイウントツヴァンツィヒ
3	drei ドライ	13	dreizehn ドライツェーン	30	dreißig ドライスィヒ
4	vier フィーア	14	vierzehn フィアツェーン	40	vierzig フィアツィヒ
5	fünf フュンフ	15	fünfzehn フュンフツェーン	50	fünfzig フュンフツィヒ
6	sechs ゼックス	16	sechzehn ゼヒツェーン	60	sechzig ゼヒツィヒ
7	sieben ズィーベン	17	siebzehn ズィープツェーン	70	siebzig ズィープツィヒ
8	acht アハト	18	achtzehn アハツェーン	80	achtzig アハツィヒ
9	neun ノイン	19	neunzehn ノインツェーン	90	neunzig ノインツィヒ
100	hundert フンダート	101	hunderteins フンダートアインス		

以下187頁参照

■挨拶

Guten Morgen, Herr Müller!　（おはようございます、ミュラーさん！）
グーテン　モルゲン　ヘル　ミュラー

Guten Tag, Frau Schmidt!　（こんにちは、シュミットさん！）
グーテン　ターク　フラウ　シュミット

Guten Abend, Frau Fischer!　（こんばんは、フィッシャーさん！）
グーテン　アーベント　フラウ　フィッシャー

Gute Nacht, Elisabeth!　（おやすみ、エリーザベト！）
グーテ　ナハト　エリーザベト

Grüß Gott, Hans!　（おはよう〈こんにちは／こんばんは／おやすみ〉、ハンス！）
グリュース　ゴット　ハンス
　　　　　　　　　　　　　　　　　　　　　　　　　　[南部でよく使われる]

Wie geht es Ihnen?　　　　　　　（ごきげんいかがですか？）
ヴィー　ゲート　エス　イーネン

Danke, es geht mir gut! Und Ihnen?（ありがとう、私は元気です。で、あなたは？）
ダンケ　エス　ゲート　ミーア　グート　ウント　イーネン

Danke, sehr gut.　　　　　　　　（ありがとう、とても元気です。）
ダンケ　ゼーア　グート

Auf Wiedersehen, Herr Becker!
アウフ　ヴィーダーゼーエン　ヘル　ベッカー
　　　　　　　　　　　　　　　　　　（さようなら、ベッカーさん！）[また会う別れ]

Leben Sie wohl!　　　　　　　　（どうかお元気で！）[長い別れ]
レーベン　ズィー　ヴォール

Gute Reise!　　　　　　　　　　（よいご旅行を！）
グーテ　ライゼ

Gute Besserung!　　　　　　　　（おだいじに！）
グーテ　ベッセルング

Alles Gute!　　　　　　　　　　（お元気で！〈ごきげんよう！〉）
アレス　グーテ

Danke schön!〈Vielen Dank!〉　　（ありがとうございます！）
ダンケ　シェーン　フィーレン　ダンク

Bitte schön!〈Bitte sehr!〉　　（どういたしまして！）
ビッテ　シェーン　ビッテ　ゼーア

Entschuldigen Sie!　　　　　　　（ごめんなさい！）
エント**シュ**ルディゲン　ズィー

■**都市名・人名**（発音記号の読み方に慣れましょう）〈カタカナ表記 39 〜 41 頁〉

Aachen　[ˈaːxən]　　都市名。人口24万。

Adenauer　[ˈaːdɛnaʊər]　　政治家。西ドイツ初代首相。戦後の復興に功績。

Adorno　[aˈdɔrno]　　哲学者。フランクフルト学派の中心。音楽評論も。

Alzheimer　[ˈaltshaɪmər]　　精神病医。原因不明の老人性認知症の病名。

Augsburg　[ˈaʊksbɔrk]　　都市名。人口27万。

Bach　[bax]　　作曲家。バロック時代最大の巨匠。

Backhaus ['bakhaʊs]　ピアニスト。ベートーヴェンの演奏に定評。

Bälz [bɛlts]　医者。1876年来日。ドイツ医学を普及。

Barth [baːrt]　神学者。弁証法により、近代神学を一変させた。

Basel [baːzəl]　スイスの都市名。人口18万。

Beckenbauer ['bɛkənbaʊər]　サッカー選手。「皇帝」と呼ばれる。

Becker ['bɛkər]　テニス選手。最年少で全英で優勝、数々のタイトルを取る。

Beethoven ['beːthoːfən]　作曲家。古典派音楽を大成。

Benz [bɛnts]　自動車開発者；自動車名・会社名。

Berlin [bɛr'liːn]　ドイツの首都。人口340万。

Bern [bɛrn]　スイスの首都。人口14万。

Bismarck ['bɪsmark]　政治家。普仏戦争に勝利、ドイツ統一、帝国初代宰相。

Bochum ['boːxʊm]　都市名。人口38万。

Böhm [bøːm]　指揮者。ウィーン国立歌劇場指揮者、総監督。

Bonn [bɔn]　都市名。西ドイツの首都。人口31万。

Brahms [braːms]　作曲家。ロマン派時代に古典的伝統を守る。

Brecht [brɛçt]　劇作家。叙事的演劇を提唱、世界の演劇界に影響。

Bruckhardt ['brʊkhart]　美術史家。ギリシア・イタリア美術文化を体系化。

Bruckner ['brʊknər]　作曲家。後期ロマン派の代表者。

Brunner ['brʊnər]　神学者。近代神学を一変させた。

Buber ['buːbər]　宗教哲学者。我＝汝の重要性を説く。

Buchner ['buːxnər]　化学者。酵母のアルコール発酵を発見。ノーベル賞。

Bultmann ['bʊltman]　神学者。『新約聖書神学』により、神学界に影響。

Bunsen ['bʊnzən]　化学者。バーナーに名を残す。光度計を発明。

Butenant ['buːtənant]　化学者。フェロモンを発見。ノーベル賞。

Carossa [ka'rɔsa]　医者・詩人。『幼年時代』『ドクトル・ビュルガーの運命』。

Daimler ['daɪmlər]　技術者。自動車開発。ダイムラー・ベンツ社設立。

Dänemark ['dɛnəmark]　国名。デンマーク。

Diesel ['diːzəl]　技術者。ディーゼルエンジンを発明。

Dietrich ['diːtrıç]　女優。アメリカに亡命。百万ドルの脚。

Donau ['doːnaʊ]　河川名。ヨーロッパ最長の河川。

Dortmund ['dɔrtmʊnt]　都市名。人口57万。

Dresden ['dreːsdən]　都市名。人口52万。

Dürer ['dyːrər]　画家。ドイツ・ルネサンス時代の巨匠。

Düsseldorf ['dʏsəldɔrf]　都市名。人口59万。

Ehrlich ['eːrlıç]　医学者。免疫学、化学療法の先駆者。ノーベル賞。

Eiger ['aıgər]　山岳名。アルプス3大北壁の1。

Einstein ['aınʃtaın]　物理学者。相対性理論、場の統一理論を発表。

Elbe ['ɛlbə]　河川名。チェコに源を発し、北海に注ぐ。

Ende ['ɛndə]　童話作家。代表作『モモ』。

Engels ['ɛŋəls]　経済学者。科学的社会主義の創始者。『共産党宣言』。

Euler ['ɔʏlər]　数学者。科学百般に通じ、度量衡の改訂ほか膨大な研究。

Feuerbach ['fɔʏərbax]　哲学者。唯物論の先駆者。

Fichte ['fıçtə]　哲学者。ベルリーン大学初代総長。『全知識学の基礎』。

Fischer ['fıʃər]　E. ~　化学者。糖・タンパク質・酵母の研究。生化学の基礎。
　　　　　　　　　H. ~　化学者。ポルフィリン類の構造決定・合成。ノーベル賞。
　　　　　　　　　E. ~　ピアニスト。指揮者。バッハの演奏に定評。
　　　　　　　　　E. O. ~　化学者。有機金属化学に貢献。ノーベル賞。

Fischer-Diskau ['fıʃər-dıskaʊ]　歌手。20世紀最高のバリトン歌手。

Freud [frɔʏt]　精神分析学者。精神分析療法を創始。

Freytag ['fraıtaːk]　劇作家・小説家。喜劇『新聞記者』、小説『貸借』。

Friedrich ['friːdrıç]　画家。ドイツ・ロマン派の代表的風景画家。

Furtwängler ['fʊrtvɛŋlər]　指揮者。ベルリーンフィルの常任指揮者。

Fusserl ['fʊsərl]　哲学者。現象学の創始者。現代哲学に多大の影響。

Gauß [gaʊs]　数学者・天文学者。代数学の基本定理を証明。

Geiger ['gaıgər]　物理学者。放射能測定器に名を残す。

George [ge'ɔrgə]　詩人。高等派・象徴派。ゲオルゲクライスの指導者。

Gieseking ['giːzəkɪŋ]　ピアニスト。近代フランス音楽を得意とした。

Goethe ['gøːtə]　詩人・小説家・劇作家。ドイツ古典主義の完成者。

Göttingen ['gœtɪŋən]　大学都市。人口13万。

Graf [graːf]　テニス選手。1988年、全米・全英・全仏・全豪優勝。

Grass [gras]　作家。『ブリキの太鼓』『私の世紀』など。ノーベル文学賞。

Grillparzer ['grɪlpartsər]　劇作家。オーストリア演劇を世界的に高めた。

Grimm [grɪm]　兄弟。言語学者。グリム童話編集。独和辞典編纂。

Gropius ['groːpɪʊs]　建築家。バウハウス校長。近代建築に貢献。

Grünewald ['gryːnəvalt]　画家。ドイツルネサンス時代の代表者。

Gutenberg ['guːtənbɛrk]　印刷術発明。ルター訳の聖書を印刷。

Hagenbeck ['haːgənbɛk]　動物園長。檻のない動物園創設。

Hahn [haːn]　化学者。ウランの原子核分裂を発見。ノーベル賞。

Hamburg ['hambʊrk]　都市名。ドイツ第二の都市。人口162万。

Händel ['hɛndəl]　作曲家。バロック時代の巨匠。

Hauff [haʊf]　童話作家。『隊商』など創作童話を残す。

Hauptmann ['haʊptman]　作家。自然主義の代表者。ノーベル文学賞。

Haydn ['haɪdən]　作曲家。古典派音楽の確立者。

Hegel ['heːgəl]　哲学者。ドイツ観念哲学の代表者。

Heidegger ['haɪdɛgər]　哲学者。実存主義哲学の創始者。

Heidelberg ['haɪdəlbɛrk]　都市名。人口13万。

Heine ['haɪnə]　詩人。恋愛詩が有名。19世紀ドイツ文学の代表者の一人。

Heisenberg ['haɪzənbɛrk]　物理学者。量子力学発展に貢献。ノーベル賞。

Helmholtz ['hɛlmholts]　生理学者・物理学者。エネルギー保存則を検証。

Hertz [hɛrts]　物理学者。電磁波の発見、周波数の単位に名を残す。

Hesse ['hɛsə]　詩人、作家。『車輪の下』『シッダールタ』。ノーベル文学賞。

Heyse ['haɪzə]　作家。『ラ・ラビアータ』ほか短編が有名。ノーベル文学賞。

Hilbert ['hilbɛrt]　数学者。20世紀数学界の中心的存在。

Hitler ['hɪtlər]　政治家。1921年ナチス党首。33年首相、翌年総統。

Hoffmann ['hɔfman]　小説家。幻想怪奇な作風は世界に影響を及ぼす。

Hofmannsthal ['hoːfmanstaːl]　詩人・作家。早熟の天才。多彩な才能。

Holbein ['hɔlbaɪn]　画家。ドイツルネサンス時代の代表者。

Hölderlin ['hœldərliːn]　詩人。孤高の詩人。『ヒュペーリオン』。

Humboldt ['hʊmbɔlt]　兄：言語学者・政治家；弟：地理学者・生態学者。

Hüsch [hyʃ]　歌手。シューベルトの歌曲に新生面。東京芸大教授。

Italien [ɪ'taːliən]　国名。イタリア。

Jahn [jaːn]　教育家。体操（トゥルネン）を初めて教育に導入、普及させた。

Jaspers ['jaspərs]　哲学者。実存主義哲学の代表者の1人。

Jung [jʊŋ]　精神病理学者。独自の精神分析を追及、心理学発展に寄与。

Jungfrau ['jʊŋfraʊ]　山岳名。4158m。

Kafka ['kafka]　作家。実存主義文学の先駆者。『変身』『城』。

Kandinsky [kan'dɪnski]　画家。抽象画の先駆者の1人。バウハウス教授。

Kant [kant]　哲学者。合理・経験主義を統合した批判哲学を確立。

Karajan ['kaːrajan]　指揮者。ベルリーンフィル常任指揮者。近代的解釈。

Käutner ['kɔytnər]　映画監督。『最後の橋』『ルートヴィヒ二世』等々。

Keller ['kɛlər]　作家。詩的写実主義の代表者。『緑のハインリヒ』。

Kempff [kɛmpf]　ピアニスト。ベートーヴェンのピアノ曲演奏で著名。

Kepler ['kɛplər]　天文学者。「ケプラーの法則」発見、望遠鏡発明。

Kiel [kiːl]　都市名。人口24万。

Klebs [kleːps]　細菌学者。クレープス病、チフス菌、ジフテリア菌発見。

Klee [kleː]　画家。多彩な幻想世界を表現。バウハウス教授。

Kleist [klaɪst]　劇作家・小説家。『ペンテズィレーア』『壊れ甕』など。

Klimt [klɪmt]　画家。ユーゲント・シュティールの代表者。

Koch [kɔx]　細菌学者。コレラ菌、結核菌発見。近代細菌学を確立。

Köln [kœln]　都市名。人口91万。

Landshut ['lantshuːt]　都市名。イーザル河畔の都市。

Aussprache：発音

| Leibniz | [ˈlaɪbnɪts] | 哲学者・数学者。『単子論』。 |

Leibniz [ˈlaɪbnɪts]　哲学者・数学者。『単子論』。
Leipzig [ˈlaɪptsɪç]　都市名。人口55万。
Lessing [ˈlɛsɪŋ]　劇作家。ドイツ啓蒙主義時代に活躍。『賢者ナータン』。
Liebig [ˈliːbɪç]　化学者。近代有機化学発展の基礎を築く。
Lorenz [ˈloːrɛnts]　動物学者。動物行動学を開拓・発展。刷り込み現象。
Luther [ˈlʊtər]　宗教改革者。聖書の翻訳。新教ルター派の祖。
Mach [max]　物理学者。超音速や衝撃波を研究。音速の単位に名を残す。
Mahler [ˈmaːlər]　作曲家。後期ロマン派の代表的交響曲を作曲。
Mainz [maints]　都市名。人口18万。
Mann [man] Th. 〜　作家。20世紀ドイツの最大の小説家。ノーベル文学賞。
Marx [marks]　経済学者。史的唯物論を確立。『共産党宣言』『資本論』。
Matterhorn [ˈmatərhɔrn]　山岳名。4478m。
Mendel [ˈmɛndəl]　修道僧。遺伝の法則を発見。
Mendelssohn [ˈmɛndəlsoːn]　作曲家。ロマン派時代に活躍。
Messerschmitt [ˈmɛsərʃmɪt]　技術者。航空機に名を残す。
Mörike [ˈmøːrɪkə]　詩人・小説家。『プラハへの旅路のモーツァルト』。
Mozart [ˈmoːtsart]　作曲家。古典派音楽の大成者。
Müller [ˈmʏlər] W. 〜　詩人。シューベルト『冬の旅』等の作詞家。
　　　　　　　　J. P. 〜　生理学者。解剖・生理学に多大の業績。
　　　　　　　　F. M. 〜　東洋学者。インド研究に多大の業績を残す。
　　　　　　　　P. H. 〜　化学者。害虫駆除の研究。DDTの効果を発見。
　　　　　　　　K. A. 〜　物理学者。セラミックスの高温伝導体発見。
München [ˈmʏnçən]　都市名。バイエルン州の首都。人口127万。
Naumann [ˈnaʊman]　地質学者。ナウマンゾウ・フォッサマグナの命名者。
Nietzsche [ˈniːtʃə]　哲学者。神の死を宣告。超人の思想。
Oder [ˈoːdər]　河川名。ドイツ・ポーランド国境を流れ、バルト海に注ぐ。
Pestalozzi [pɛstaˈlɔtsi]　教育家。民衆・児童教育に生涯を捧げる。
Planck [plank]　物理学者。熱力学、熱放射に画期的業績。ノーベル賞。

Raabe	[ˈraːbə]	作家。写実主義時代に活躍。『雀横丁年代記』など。
Ranke	[ˈrankə]	歴史学者。近代歴史学の創始者。
Reuter	[ˈrɔytɐr]	作家。低地ドイツの方言を用いた作品で人気があった。
Rhein	[raɪn]	河川名。スイスに源を発し、北海に注ぐ大河。
Rilke	[ˈrɪlkə]	詩人。20世紀最高の詩人の1人。『ドゥイノの悲歌』。
Röntgen	[ˈrœntgən]	物理学者。X光線発明。第1回ノーベル賞受賞。
Sacher-Masoch	[ˈzaxɐr-maːzɔx]	作家。マゾヒズムに名を残す。
Sachsen	[ˈzaksən]	地方名。中心都市ライプツィヒ、ドレースデン。
Salzburg	[ˈzaltsbʊrk]	オーストリアの都市名。人口14万。
Schelling	[ˈʃɛlɪŋ]	哲学者。自然を基礎に置く客観的哲学を説く。
Schiller	[ˈʃɪlɐr]	詩人・劇作家。ドイツ古典主義時代の代表者。
Schleiermacher	[ˈʃlaɪɐrmaxɐr]	神学者。宗教を哲学の中心に置く。
Schliemann	[ˈʃliːman]	考古学者。トロヤ遺跡、ミケナイ文明発見。
Schlöndorf	[ˈʃløːndɔrf]	映画監督。ニュー・ジャーマンシネマの代表者。
Schmidt	[ʃmɪt] W.～	民俗学者。ウィーン学派の中心。文化史的民俗学。
	C.～	政治家。独裁制を説き、ナツィス台頭に寄与。
	H.～	政治家。1974-84西ドイツ首相。
Schnitzler	[ˈʃnɪtslɐr]	劇作家・小説家。『恋愛三昧』『輪舞』；『死』など。
Schönberg	[ˈʃøːnbɛrk]	作曲家。12音技法創始者。
Schopenhauer	[ˈʃoːpɛnhaʊɐr]	哲学者。主著『意志と表象としての世界』。
Schrödinger	[ˈʃrøːdɪŋɐr]	物理学者。波動力学を説く。ノーベル賞。
Schubert	[ˈʃuːbɐrt]	作曲家。ロマン派音楽の先駆者。歌曲に功績。
Schumacher	[ˈʃuːmaxɐr]	F1選手。最多優勝記録保持者。
Schumann	[ˈʃuːman]	作曲家。ロマン派音楽の代表者。
Schütz	[ʃʏts]	作曲家。バッハ以前の大作曲家。
Schweitzer	[ˈʃvaɪtsɐr]	医者・オルガン奏者。アフリカの聖者。
Siebold	[ˈziːbɔlt]	日本研究家。江戸時代に来日、多大の影響を及ぼす。
Siemens	[ˈziːmɛns]	技術者。電気技術に革新的貢献。ズィーメンス社設立。

Aussprache：発音

Spengler [ˈʃpɛŋlər]　哲学者。『西洋の没落』の著者。

Spitteler [ˈʃpɪtələr]　作家。ノーベル文学賞受賞。

Spranger [ˈʃpraŋər]　哲学者・教育学者。主著『生の諸形態』。

Staudinger [ˈʃtaʊdɪŋər]　化学者。高分子化学工業の基礎を築く。

Stifter [ˈʃtɪftər]　作家。写実主義時代の代表的小説家。『晩夏』。

Storm [ʃtɔrm]　詩人・作家。写実主義時代に活躍。『みずうみ』の作者。

Strauss [ʃtraʊs]　作曲家。後期ロマン派の巨匠。

Strauß [ʃtraʊs]　作曲家。「ワルツ王」。同名の父は「ワルツの父」。

Stuttgart [ˈʃtʊtgart]　都市名。人口57万。

Taut [taʊt]　建築家。日本建築文化を評価・欧米に紹介。

Treitschke [ˈtraɪtʃkə]　歴史家。ビスマルクに協力。『19世紀ドイツ史』。

Tübingen [ˈtyːbɪŋən]　大学都市。人口7万。

Wagner [ˈvaːgnər]　作曲家。総合芸術「楽劇」の創始者。

Walter [ˈvaltər]　指揮者。アメリカに亡命。モーツァルトの演奏で著名。

Wassermann [ˈvasərman]
　　　　　J. ∼　　作家。『マウリツィウス事件』など。
　　　　　A. v. ∼　細菌学者。梅毒反応のヴァッサーマン反応を発見。

Weber [ˈveːbər]　C. M. v. ∼　作曲家。国民的オペラを作曲。『魔弾の射手』。
　　　　　M. ∼　　社会学者。社会科学の方法論を確立。

Weingartner [ˈvaɪngartnər]　指揮者。ヴィーンフィルを指揮して名声。

Weismann [ˈvaɪsman]　生物学者。獲得形質が遺伝しないことを証明。

Weizsäcker [ˈvaɪtszɛkər]　哲学者・物理学者。統一ドイツ初代大統領。

Wolf [vɔlf]　作曲家。後期ロマン派の詩人の詩を作曲、新生面を開く。

Wolff [vɔlf]　医学者。後生説を唱え、発生学の基礎を築く。

Zeiss [tsaɪs]　技術者。顕微鏡・カメラレンズの開発に貢献。

Zeppelin [ˈtsɛpəliːn]　軍人・技術者。飛行船開発。

Zürich [ˈtsyːrɪç]　スイスの都市名。人口35万。

Zweig [tsvaɪk]　S. ∼　作家。20世紀三大伝記作家の1人。

■都市名・人名　発音

Aachen	[**ア**ーヘン]	Dänemark	[**デ**ーネマルク]
Adenauer	[**ア**ーデナウアー]	Diesel	[**ディ**ーゼル]
Adorno	[ア**ド**ルノ]	Dietrich	[**ディ**ートリヒ]
Alzheimer	[**ア**ルツハイマー]	Donau	[**ド**ーナウ]
Augsburg	[**ア**ウクスブルク]	Dortmund	[**ド**ルトムント]
Bach	[**バ**ッハ]	Dresden	[ド**レ**ースデン]
Backhaus	[**バ**ックハウス]	Dürer	[**デュ**ーラー]
Bälz	[**ベ**ルツ]	Düsseldorf	[**デュ**ッセルドルフ]
Barth	[**バ**ールト]	Ehrlich	[**エ**ールリッヒ]
Basel	[**バ**ーゼル]	Eiger	[**ア**イガー]
Beckenbauer	[**ベ**ッケンバウアー]	Einstein	[**ア**インシュタイン]
Becker	[**ベ**ッカー]	Elbe	[**エ**ルベ]
Beethoven	[**ベ**ートホーフェン]	Ende	[**エ**ンデ]
Benz	[**ベ**ンツ]	Engels	[**エ**ンゲルス]
Berlin	[ベル**リ**ーン]	Euler	[**オ**イラー]
Bern	[**ベ**ルン]	Feuerbach	[**フォ**イアーバッハ]
Bismarck	[**ビ**スマルク]	Fichte	[**フィ**ヒテ]
Bochum	[**ボ**ーフム]	Fischer	[**フィ**ッシャー]
Böhm	[**ベ**ーム]	Fischer-Diskau	[**フィ**ッシャー・**ディ**スカウ]
Bonn	[**ボ**ン]	Freud	[フ**ロ**イト]
Brahms	[ブ**ラ**ームス]	Freytag	[フ**ラ**イターク]
Brecht	[ブ**レ**ヒト]	Friedrich	[フ**リ**ードリヒ]
Bruckhardt	[ブ**ル**クハルト]	Furtwängler	[**フ**ルトヴェングラー]
Bruckner	[ブ**ル**ックナー]	Fusserl	[**フ**ッサール]
Brunner	[ブ**ル**ンナー]	Gauß	[**ガ**ウス]
Buber	[ブ**ー**バー]	Geiger	[**ガ**イガー]
Buchner	[ブ**ー**フナー]	George	[ゲ**オ**ルゲ]
Bultmann	[**ブ**ルトマン]	Gieseking	[**ギ**ーゼキング]
Bunsen	[**ブ**ンゼン]	Goethe	[**ゲ**ーテ]
Butenant	[ブ**ー**テナント]	Göttingen	[**ゲ**ッティンゲン]
Carossa	[カ**ロ**ッサ]	Graf	[グ**ラ**ーフ]
Daimler	[**ダ**イムラー]	Grass	[グ**ラ**ス]

Aussprache : 発音

Grillparzer	[グリルパルツァー]	Jungfrau	[ユングフラウ]
Grimm	[グリム]	Kafka	[カフカ]
Gropius	[グローピウス]	Kandinsky	[カンディンスキ]
Grünewald	[グリューネヴァルト]	Kant	[カント]
Gutenberg	[グーテンベルク]	Karajan	[カーラヤン]
Hagenbeck	[ハーゲンベック]	Käutner	[コイトナー]
Hahn	[ハーン]	Keller	[ケラー]
Hamburg	[ハンブルク]	Kempff	[ケンプフ]
Händel	[ヘンデル]	Kepler	[ケプラー]
Hauff	[ハウフ]	Kiel	[キール]
Hauptmann	[ハウプトマン]	Klebs	[クレープス]
Haydn	[ハイドン]	Klee	[クレー]
Hegel	[ヘーゲル]	Kleist	[クライスト]
Heidegger	[ハイデッガー]	Klimt	[クリムト]
Heidelberg	[ハイデルベルク]	Koch	[コッホ]
Heine	[ハイネ]	Köln	[ケルン]
Heisenberg	[ハイゼンベルク]	Landshut	[ランツフート]
Helmholtz	[ヘルムホルツ]	Leibniz	[ライブニッツ]
Hertz	[ヘルツ]	Leipzig	[ライプツィヒ]
Hesse	[ヘッセ]	Lessing	[レッスィング]
Heyse	[ハイゼ]	Liebig	[リービヒ]
Hilbert	[ヒルベルト]	Lorenz	[ローレンツ]
Hitler	[ヒトラー]	Luther	[ルター]
Hoffmann	[ホフマン]	Mach	[マッハ]
Hofmannsthal	[ホーフマンスタール]	Mahler	[マーラー]
Holbein	[ホルバイン]	Mainz	[マインツ]
Hölderlin	[ヘルダーリーン]	Mann	[マン]
Humboldt	[フンボルト]	Marx	[マルクス]
Hüsch	[ヒュシュ]	Matterhorn	[マッターホルン]
Italien	[イターリェン]	Mendel	[メンデル]
Jahn	[ヤーン]	Mendelssohn	[メンデルスゾーン]
Jaspers	[ヤスパース]	Messerschmitt	[メッサーシュミット]
Jung	[ユング]	Mörike	[メーリケ]

Mozart	[**モ**ーツァルト]	Siemens	[**ズ**ィーメンス]
Müller	[**ミュ**ラー]	Spengler	[シュ**ペ**ングラー]
München	[**ミュ**ンヒェン]	Spitteler	[シュ**ピ**ッテラー]
Naumann	[**ナ**ウマン]	Spranger	[シュ**プ**ランガー]
Nietzsche	[**ニ**ーチェ]	Staudinger	[シュ**タ**ウディンガー]
Oder	[**オ**ーダー]	Stifter	[シュ**ティ**フター]
Pestalozzi	[ペスタ**ロ**ッツィ]	Storm	[シュ**ト**ルム]
Planck	[**プ**ランク]	Strauss	[シュ**ト**ラウス]
Raabe	[**ラ**ーベ]	Strauß	[シュ**ト**ラウス]
Ranke	[**ラ**ンケ]	Stuttgart	[シュ**ト**ゥットガルト]
Reuter	[**ロ**イター]	Taut	[**タ**ウト]
Rhein	[**ラ**イン]	Treitschke	[**ト**ライチュケ]
Rilke	[**リ**ルケ]	Tübingen	[**テュ**ービンゲン]
Röntgen	[**レ**ントゲン]	Wagner	[**ヴ**ァーグナー]
Sacher-Masoch	[**ザ**ッハー・**マ**ーゾッホ]	Walter	[**ヴ**ァルター]
Sachsen	[**ザ**クセン]	Wassermann	[**ヴ**ァッサーマン]
Salzburg	[**ザ**ルツブルク]	Weber	[**ヴェ**ーバー]
Schelling	[**シェ**リング]	Weingartner	[**ヴ**ァインガルトナー]
Schiller	[**シ**ラー]	Weismann	[**ヴ**ァイスマン]
Schleiermacher	[シュ**ラ**イアーマッハー]	Weizsäcker	[**ヴ**ァイツェッカー]
Schliemann	[シュ**リ**ーマン]	Wolf	[**ヴ**ォルフ]
Schlöndorf	[シュ**レ**ーンドルフ]	Wolff	[**ヴ**ォルフ]
Schmidt	[シュ**ミ**ット]	Zeiss	[**ツ**ァイス]
Schnitzler	[シュ**ニ**ッツラー]	Zeppelin	[**ツェ**ッペリーン]
Schönberg	[**シェ**ーンベルク]	Zürich	[**ツュ**ーリヒ]
Schopenhauer	[**ショ**ーペンハウアー]	Zweig	[ツ**ヴ**ァイク]
Schrödinger	[シュ**レ**ーディンガー]		
Schubert	[**シュ**ーベルト]		
Schumacher	[**シュ**ーマッハー]		
Schumann	[**シュ**ーマン]		
Schütz	[**シュ**ッツ]		
Schweitzer	[シュ**ヴ**ァイツァー]		
Siebold	[**ズ**ィーボルト]		

Aussprache：発音

Lektion 1 【eins】
〈レクツィオーン〉 〈アインス〉

第1課

― 動詞の基本形 ―

§1　動詞の不定詞　　― ふていしと読む

◆動詞の原形（辞書に出ている形）を不定詞（不定形）といいます。
　ドイツ語の動詞の不定詞は、**-en** または **-n** の語尾をもちます。

gehen（行く）〔英語：go〕 ゲーエン	**kommen**（来る）〔come〕 コンメン	**essen**（食べる）〔eat〕 エッセン
trinken（飲む）〔drink〕 トリンケン	**singen**（歌う）〔sing〕 ズィンゲン	**fragen**（尋ねる） フラーゲン
lieben（愛する）〔love〕 リーベン	**lernen**（学ぶ）〔learn〕 レルネン	**wohnen**（住む） ヴォーネン
sein（〜である）〔be〕 ザイン	**tun**（する）〔do〕 トゥーン	**lächeln**（ほほ笑む） レッヒェルン
sammeln（集める） ザンメルン	**wandern**（さまよう）〔wander〕 ヴァンダーン	

◆不定詞から語尾を除いた部分を語幹といいます。

不定詞	語幹	語尾
trink-en	trink	-en
lern-en	lern	-en
sammel-n	sammel	-n

> **注**　大部分の動詞の不定詞は-enの語尾をもちます。-nの語尾をもつものは、重要動詞 sein (be), tun (do) 以外は、語幹が-elか-erの形をしており、これに-enを付けると、-elen, -erenとなり、弱音のe [ə] が続くため発音上、eを省いて-nだけを付けたのです。sammelen [ˈzaməlen **ザメレン**] よりもsammeln [ˈzaməln **ザンメルン**] の方が、引き締まった音で、好まれるのです。弱音の [ə] が重複するときに、どちらかが省略されることは、ドイツ文法上しばしば起こるので、記憶しておいてください。

§2　動詞の三基本形

◆不定詞、過去形、過去分詞は、人称変化や時称変化の基本となる形ですから、これを動詞の三基本形といいます。
　動詞は、その三基本形のつくり方から、
❶強変化動詞、❷弱変化動詞、❸混合変化動詞の三種類に分けられます。

	不定詞	過去形	過去分詞
❶強変化動詞	trinken	trank	getrunken
❷弱変化動詞	lernen	lernte	gelernt
❸混合変化動詞	kennen	kannte	gekannt

§3　強変化動詞

◆語幹の母音（まれに子音も）が変化する動詞で、英語の不規則動詞に相当しますが、母音変化が規則的なものが多いため、不規則動詞とはいいません。
　強変化動詞は、ふつう辞書では見出し語に＊が付けられ、巻末にその変化表が掲載されています。

変化形式　　　　　　　　　　**変化例**

A --- B --- C　　　　（drink）
　　　　　　　　trinken --- trank --- getrunken
　　　　　　　　トリンケン　　トランク　　ゲトルンケン

A --- B --- A　　　　（give）
　　　　　　　　geben --- gab --- gegeben
　　　　　　　　ゲーベン　　ガープ　　ゲゲーベン

A --- B --- B　　　　（fly）
　　　　　　　　fliegen --- flog --- geflogen
　　　　　　　　フリーゲン　　フローク　　ゲフローゲン

◆強変化動詞の数は全部で約200個（とくに重要なものは約100個）ですが、母音変化の同じものを集めて分類すると、種類も少なく覚えやすいです。以下の例を発音練習を兼ねて反復音読してください。──語幹の中心の母音

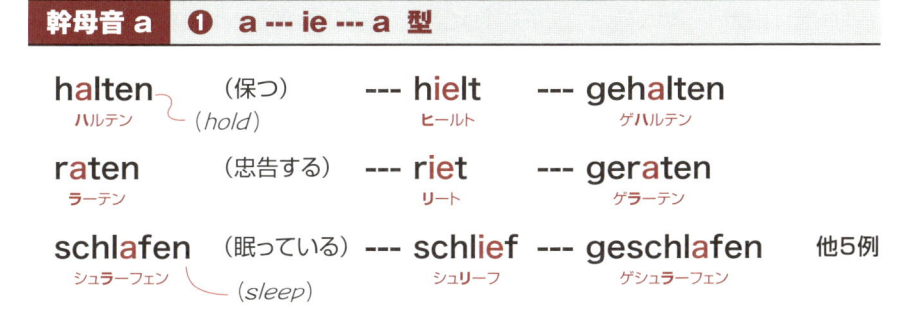

幹母音 a　　❶　a --- ie --- a 型

halten　（保つ）　　--- hielt　--- gehalten
ハルテン　（hold）　　ヒールト　　ゲハルテン

raten　（忠告する）　--- riet　--- geraten
ラーテン　　　　　　　リート　　　ゲラーテン

schlafen　（眠っている）--- schlief --- geschlafen　他5例
シュラーフェン　（sleep）　シュリーフ　ゲシュラーフェン

43

❷ a --- u --- a 型

fahren ファーレン	（乗物で行く）	--- **fuhr** フーア	--- **gefahren** ゲファーレン
schlagen シュラーゲン	（打つ）	--- **schlug** シュルーク	--- **geschlagen** ゲシュラーゲン
tragen トラーゲン	（運ぶ）	--- **trug** トルーク	--- **getragen** ゲトラーゲン　他5例

幹母音 e　❶ e --- a --- o 型　（過去形の母音aの長短に注意）

helfen ヘルフェン	（助ける） (help)	--- **half** ハルフ	--- **geholfen** ゲホルフェン
sterben シュテルベン	（死ぬ）	--- **starb** シュタルプ	--- **gestorben** ゲシュトルベン
sprechen シュプレヒェン	（話す） (speak)	--- **sprach**（長音） シュプラーハ	--- **gesprochen** ゲシュプロヘン　他14例

❷ e --- a --- e 型

geben ゲーベン	（与える） (give)	--- **gab** ガープ	--- **gegeben** ゲゲーベン
lesen レーゼン	（読む） (read)	--- **las** ラース	--- **gelesen** ゲレーゼン
sehen ゼーエン	（見る） (see)	--- **sah** ザー	--- **gesehen** ゲゼーエン　他7例

❸ e --- o --- o 型

fechten フェヒテン	（戦う） (fight)	--- **focht** フォホト	--- **gefochten** ゲフォホテン
heben ヘーベン	（持ち上げる）	--- **hob** ホープ	--- **gehoben** ゲホーベン
scheren シェーレン	（はさみで切る）	--- **schor** ショーア	--- **geschoren** ゲショーレン　他9例

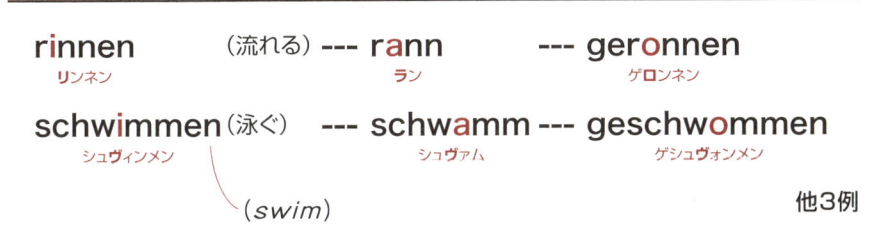

幹母音 ei　❶ ei --- i --- i 型　（子音の重複に注意）

greifen (グライフェン)	（つかむ）(grasp)	--- griff (グリフ)	--- gegriffen (ゲグリッフェン)	子音の重複に注意
reiten (ライテン)	（馬で行く)(ride)	--- ritt (リット)	--- geritten (ゲリッテン)	
schneiden (シュナイデン)	（切る）	--- schnitt (シュニット)	--- geschnitten (ゲシュニッテン)	他20例

❷ ei --- ie --- ie 型

bleiben (ブライベン)	（とどまる）	--- blieb (ブリープ)	--- geblieben (ゲブリーベン)	
schreiben (シュライベン)	（書く）	--- schrieb (シュリープ)	--- geschrieben (ゲシュリーベン)	
steigen (シュタイゲン)	（登る）	--- stieg (シュティーク)	--- gestiegen (ゲシュティーゲン)	他13例

幹母音 i　❶ i --- a --- u 型

finden (フィンデン)	（見出す）(find)	--- fand (ファント)	--- gefunden (ゲフンデン)	
singen (ズィンゲン)	（歌う）(sing)	--- sang (ザング)	--- gesungen (ゲズンゲン)	
trinken (トリンケン)	（飲む）(drink)	--- trank (トランク)	--- getrunken (ゲトルンケン)	他16例

❷ i --- a --- o 型

| rinnen (リンネン) | （流れる） | --- rann (ラン) | --- geronnen (ゲロンネン) | |
| schwimmen (シュヴィンメン) | （泳ぐ）(swim) | --- schwamm (シュヴァム) | --- geschwommen (ゲシュヴォンメン) | 他3例 |

Lektion 1 〔eins〕：第1課／動詞の基本形

45

幹母音 ie ie --- o --- o 型 （過去形の母音 o の長短に注意）

bieten (提供する)	--- bot	--- geboten
ビーテン	ボート	ゲボーテン
fliegen (飛ぶ) (fly)	--- flog	--- geflogen
フリーゲン	フローク	ゲフローゲン
fließen (流れる) (flow)	--- floss 〔短音〕	--- geflossen
フリーセン	フロス	ゲフロッセン

他18例

不規則なもの（重要なものが多い）

sein (…である) (be)	--- war	--- gewesen
ザイン	ヴァール	ゲヴェーゼン
haben (持つ) (have)	--- hatte	--- gehabt
ハーベン	ハッテ	ゲハープト
werden (…になる) (become)	--- wurde	--- geworden
ヴェーァデン	ヴールデ	ゲヴォルデン
tun (する) (do)	--- tat	--- getan
トゥーン	タート	ゲターン
gehen (行く) (go)	--- ging	--- gegangen
ゲーエン	ギング	ゲガンゲン
kommen (来る) (come)	--- kam	--- gekommen
コンメン	カーム	ゲコンメン
stehen (立っている) (stand)	--- stand	--- gestanden
シュテーエン	シュタント	ゲシュタンデン

§4 弱変化動詞

◆弱変化動詞は、三基本形を通じて語幹の母音が変化しない動詞で、英語の規則動詞に相当します。

変化形式 ❶ -[e]n -te ge-t

語例

lernen (learn)	--- lernte	--- gelernt
レルネン	レルンテ	ゲレルント
wandern (wander)	--- wanderte	--- gewandert
ヴァンダーン	ヴァンダーテ	ゲヴァンダート

❷	-en -ete ge-et

arbeit**en** --- arbeit**ete** --- **ge**arbeit**et**
アルバイテン　　アルバイテッテ　　　ゲアルバイテット

※〕arbeiten のように、語幹に直接 -te, -t の語尾を付けると（arbeit-te, gearbeit-t）発音が困難になるものには、e をはさみます。これを音便の e といいます。

音便の e

§5 混合変化動詞（こんごうへんか）

◆ 母音変化に関しては強変化、変化語尾に関しては弱変化の性質をもつので、混合変化と呼ばれます。強変化動詞と同様、辞書では見出し語に＊印が付けられ、巻末の変化表に記載されています。全部で9個しかありません。

変化形式	-en -×-te ge-×-t

語例　kenn**en**（知る）--- kann**te** --- **ge**kann**t**
　　　ケンネン　（know）　カンテ　　　　　ゲカント

　　　bring**en**（運ぶ）--- brach**te** --- **ge**brach**t**
　　　ブリンゲン　（bring）　ブラハテ　　　　ゲブラハト
　　　　　　　　　　　　　　　　　　　　　　　注意！

　　　wiss**en**（知る）--- wuss**te** --- **ge**wuss**t**　他6例
　　　ヴィッセン　　　　　　ヴステ　　　　　ゲヴスト

■ 強変化動詞と弱変化動詞

　強変化動詞は、もともと動詞として生まれた言葉で、人間の生活や動作に関係の深い動詞が多いので、変化はむずかしくてもしっかり覚えましょう。

　弱変化動詞は、日本語の「…する」に相当する動詞で、lieben（愛する）、arbeiten（仕事をする）、studieren（研究する）など、動詞以外の言葉を動詞化した言葉です。強変化動詞は今後生まれることはありません。これから生まれる動詞は、すべて弱変化動詞か、新しい言葉とすでにある強変化動詞を組み合わせた動詞のみです。

Lektion 1 [eins]：第1課／動詞の基本形

Lektion 2 【zwei】
〈レクツィオーン〉　〈ツヴァイ〉

第2課

― 動詞の現在人称変化（1）、配語法（1）―

§1　不定詞から定動詞へ ←ていどうしと読む

◆ -en の形をしている不定詞（動詞の原形→ 42 頁）に主語が定まると、不定であった形が定まり（語尾 -en が活用する）、《定動詞》（《定形》ともいう）となります。（語尾 -n の定動詞は 51 頁参照）

不定詞	trinken	（飲む）
定動詞	Ich trinke Tee. イヒ　トリンケ　テー	（私は紅茶を飲む。）
	Er trinkt Bier. エア　トリンクト　ビーア	（彼はビールを飲む。）

◆ 主語となる人称代名詞

	単　数	複　数
1人称	ich *(I)* （私は） イヒ	wir *(we)* （私たちは） ヴィーア
2人称 （敬称）	Sie *(you)* （あなたは） ズィー	Sie *(you)* （あなたがたは） ズィー
2人称 （親称）	du *(you)* （おまえ〈きみ〉は） ドゥー	ihr *(you)* （おまえ〈きみ〉たちは） イーア
3人称	er *(he)* （彼は） エア sie *(she)* （彼女は） ズィー es *(it)* （それは） エス	sie *(they)* （彼らは） ズィー

― しんしょうと読む

― けいしょうと読む

― 形が同じなので要注意

48

> **注** 親称の2人称 du, ihr は、遠慮のいらない相手（身内、親友、恋人、学友、15歳以下の子供、神、動物、自然物等）に使われます。敬称の2人称 Sie（単数・複数共通）は、それ以外の相手に使われます。この Sie は、3人称複数の sie の頭字を大文字にしたもので、定動詞も同じです。本書では、敬称の Sie を「あなた、あなたがた」とし、親称の du を「きみ」ihr を「きみたち」としますが、実際の訳では、du を「あなた」（妻が夫を呼ぶ場合）とか、「おまえ」（親が子を呼ぶ場合）など、わが国の状況にあわせて考えなければなりません。

§2 標準型の現在人称変化

◆ 主語が定まると、動詞の語幹に主語の人称・数に応じた活用語尾が付き、定動詞（定形）となります。大多数の動詞が標準型の変化をします。

不定詞 trinken （飲む）

	単　数	複　数
1人称	ich trinke （私は飲む） イヒ　トリンケ	wir trinken （私たちは飲む） ヴィーア　トリンケン
2人称（敬称）	Sie trinken （あなたは飲む） ズィー　トリンケン	Sie trinken （あなたがたは飲む） ズィー　トリンケン
2人称（親称）	du trinkst （きみは飲む） ドゥー　トリンクスト	ihr trinkt （おまえ〈きみ〉たちは飲む） イーア　トリンクト
3人称	er trinkt （彼は飲む） エア　トリンクト	（彼らは飲む）
	sie trinkt （彼女は飲む） ズィー　トリンクト	sie trinken （彼女らは飲む） ズィー　トリンケン
	es trinkt （それは飲む） エス　トリンクト	（それらは飲む）

◆ 現在人称変化は次のように簡略化して表記します。つまり、3人称単数は er で代表させ、敬称の2人称は、3人称複数の sie の頭字を大書すればよいので、省略します。人称語尾は、**エストテンテン（e / st / t / en / t / en）** と覚えるとよいでしょう。

不定詞 -en		trinken	
ich -e	wir -en	ich trinke	wir trinken
du -st	ihr -t	du trinkst	ihr trinkt
er -t	sie -en	er trinkt	sie trinken

er で代表させる

練習 次の動詞の人称変化を練習しなさい。

gehen (行く) ゲーエン (go)	kommen (来る) コンメン (come)	lernen (学ぶ) レルネン (learn)
lieben (愛する) リーベン (love)	sagen (言う) ザーゲン (say)	singen (歌う) ズィンゲン (sing)
spielen (遊ぶ) シュピーレン (play)	wohnen (住む) ヴォーネン	usw. (=etc.) ウントゾーヴァイター

§3 人称語尾に注意が必要な動詞

❶ 語幹が **d, t, chn, ffn** などに終わる動詞には、**du, er〈sie, es〉, ihr** が主語のとき、発音しやすいように、音便の **e** を入れた音便語尾 **-est, -et** を付けます。

finden (発見する)
フィンデン

ich finde	wir finden
イヒ フィンデ	ヴィーア フィンデン
du find**est**	ihr find**et**
ドゥー フィンデスト	イーア フィンデット
er find**et**	sie finden
エア フィンデット	ズィー フィンデン

warten (待つ)
ヴァルテン

ich warte	wir warten
イヒ ヴァルテ	ヴィーア ヴァルテン
du wart**est**	ihr wart**et**
ドゥー ヴァルテスト	イーア ヴァルテット
er wart**et**	sie warten
エア ヴァルテット	ズィー ヴァルテン

❶型と同じ変化をする動詞（変化を書いて発音してみましょう）

arbeiten (働く) アルバイテン　**baden** (入浴する) バーデン　**öffnen** (開く) エッフネン　**rechnen** (計算する) レッヒネン

❷ 語幹が **s, ss, ß, sch, z, tz** に終わる動詞には **du** が主語のとき、**-st** ではなく、**-t** だけを付けます。

reisen (旅行する)
ライゼン

ich reise	wir reisen
イヒ ライゼ	ヴィーア ライゼン
du reis**t**	ihr reist
ドゥー ライスト	イーア ライスト
er reist	sie reisen
エア ライスト	ズィー ライゼン

heißen (…と称する)
ハイセン

ich heiße	wir heißen
イヒ ハイセ	ヴィーア ハイセン
du heiß**t**	ihr heißt
ドゥー ハイスト	イーア ハイスト
er heißt	sie heißen
エア ハイスト	ズィー ハイセン

❷型と同じ変化をする動詞（変化を書いて発音してみましょう）
küssen（キスする）　**sitzen**（座っている）　**tanzen**（踊る）　**wünschen**（願う）
キュッセン　　　　　　ズィッツェン　　　　　　タンツェン　　　　　　ヴュンシェン

❸不定詞の語尾が **-n** の動詞は、複数1・3人称の定動詞も **-n** となります。また、語幹に弱音の **e** があるものは、発音上その **e** を省くことが多いです。

tun（する）
トゥーン

ich tue	wir tun
イヒ トゥーエ	ヴィーア トゥーン
du tust	ihr tut
ドゥー トゥースト	イーア トゥート
er tut	sie tun
エア トゥート	ズィー トゥーン

sammeln（集める）
ザンメルン

ich sammle	wir sammeln
イヒ ザンムレ	ヴィーア ザンメルン
du sammelst	ihr sammelt
ドゥー ザンメルスト	イーア ザンメルト
er sammelt	sie sammeln
エア ザンメルト	ズィー ザンメルン

❸型と同じ変化をする動詞（変化を書いて発音してみましょう）
handeln（行動する）　**wechseln**（替える）　**wandern**（徒歩旅行する）
ハンデルン　　　　　　　ヴェックセルン　　　　　ヴァンダーン

§4　配語法（1）―不定詞句から文へ―
　　　　　　　　　　　文中の語の順番

◆ドイツ語では、不定詞はつねに不定詞句の最後に置かれます。不定詞句の語順は、語形の軽いものから重いものへ、または意味の軽いものから重いものへと並べるのを原則とします。したがって、英語の語順とは逆で、ほぼ日本語の語順と同じと考えてよいのです。

不定詞句の語順

　　　　　　　　　　　　　　　　trinken（飲む）
　　　　　　　　　　　　　　　　トリンケン

　　　　　　　　　　　Wasser trinken（水を飲む）
　　　　　　　　　　　ヴァッサー　トリンケン

　　　　　　　ein Glas Wasser trinken（一杯の水を飲む）
　　　　　　　アイン　グラース　ヴァッサー　トリンケン

jeden Morgen ein Glas Wasser trinken（毎朝一杯の水を飲む）
イェーデン　モルゲン　アイン　グラース　ヴァッサー　トリンケン

Lektion 2 [zwei]／第2課／動詞の現在人称変化（1）、配語法（1）

◆不定詞句から文をつくるには、主語を定め、不定詞を主語の人称・数に応じて定動詞化します。定動詞の位置は、平叙文の場合、文頭に主語がきても、主語以外の語がきても、つねに文成分の2番目になります。これは、ドイツ文法全体にかかわることなので、しっかり記憶してください。

不定詞句 jeden Morgen ein Glas Wasser trinken
イェーデン　モルゲン　アイン　グラース　ヴァッサー　トリンケン
（毎朝一杯の水を飲む）

文

❶ Ich trinke jeden Morgen ein Glas Wasser.
イヒ　トリンケ　イェーデン　モルゲン　アイン　グラース　ヴァッサー
（私は毎朝一杯の水を飲む。）

❷ Jeden Morgen trinke ich ein Glas Wasser.
イェーデン　モルゲン　トリンケ　イヒ　アイン　グラース　ヴァッサー
（毎朝私は一杯の水を飲む。）

❸ Ein Glas Wasser trinke ich jeden Morgen.
アイン　グラース　ヴァッサー　トリンケ　イヒ　イェーデン　モルゲン
（一杯の水を私は毎朝飲む。）

(Jeden Morgen ich trinke … という語順は不可）

※〕jeden Morgen（毎朝）やein Glas Wasser（一杯の水）などは単語は複数でも、切り離すことができないので、1文成分と見ます。

◆疑問詞のない疑問文と、Sieに対する命令文では、定動詞が文頭に出ます。

Trinkst du Wein? ── **Ja, sehr gern!**
トリンクスト　ドゥー　ヴァイン　　ヤー　ゼーア　ゲルン
（ワインを飲むかい？ ── うん、よろこんで！）

Trinken Sie Kaffee? 　　発音[カフェ]もある
トリンケン　ズィー　カフェー

── **Ja, danke! Ich trinke sehr gern Kaffee.**
　　ヤー　ダンケ　イヒ　トリンケ　ゼーア　ゲルン　カフェー
（コーヒーを飲まれますか？
── はい、ありがとう！私はコーヒーが大好きです。）

Trinken Sie Bier?
トリンケン　ズィー　ビーア

—— **Nein, danke! Ich trinke Alkohol nicht.**
ナイン　　ダンケ　　イヒ　トリンケ　アルコホール　ニヒト

（ビールを飲まれますか？
　　　—— いいえ、結構です。私はアルコールは飲みません。）

Trinken Sie ein Glas Sekt! —— Ja, danke, sehr gerne!
トリンケン　ズィー　アイン　グラース　ゼクト　　ヤー　ダンケ　ゼーア　ゲルネ

（シャンパンを一杯お飲みください！ —— ありがとう、よろこんで！）

※〕疑問文でも否定文でも、英語の *do* に当たる助動詞を必要としません。

◆ドイツ語には、英語の進行形（*be* + ... *ing*）に当たる表現形式はありません。現在進行形は現在で表現されます。

Was trinken Sie jetzt? —— Ich trinke Calvados.
ヴァス　トリンケン　ズィー　イェット　　イヒ　トリンケ　カルヴァドス

（今何を飲んでいらっしゃるのですか？ —— カルヴァドスを飲んでいます。）

Jetzt spielt sie Klavier und, er spielt Geige.
イェット　シュピールト　ズィー　クラヴィーア　ウント　エア　シュピールト　ガイゲ

（今彼女はピアノを弾いており、彼はヴァイオリンを弾いています。）

Sprechen Sie Russisch?
シュプレヒェン　ズィー　ルスィッシュ

—— **Nein, ich spreche nicht Russisch, sondern Deutsch.**
ナイン　イヒ　シュプレヒェ　ニヒト　ルスィッシュ　ゾンダーン　ドイッチュ

（あなたはロシア語を話しますか？
　　　—— いいえ、私はロシア語ではなくて、ドイツ語を話します。）

※〕nicht ... sondern ...（＝英 *not* ... *but* ...）

一つ二つと数えられない物質名詞(気体、液体、粉末など)は無冠詞でよい

Lektion 2 [zwei]：第2課／動詞の現在人称変化（1）、配語法（1）

53

> **Sie trinken Bier.**
>
> この文は❶❷❸のように訳すことができて、その区別がつきませんが、実際の会話の場合には、区別ができます。
>
> ❶「あなたはビールを飲む(飲んでいる)」
> ❷「あなたがたはビールを飲む(飲んでいる)」
> ❸「彼らはビールを飲む(飲んでいる)」
>
> **Sie trinkt Bier.** 「彼女はビールを飲む(飲んでいる)」
> **Trinken Sie Bier?** 「あなた(がた)はビールを飲みますか?」
> **Trinken sie Bier?** 「彼らはビールを飲みますか?」
> **Trinkt sie Bier?** 「彼女はビールを飲みますか?」
>
> 以上の文をよく理解してください。

定動詞に注意

小文字に注意

Sie(sie)がたくさんあるので気をつけよう!

■ドイツのビール

Pilsner	[ピルスナー]	ホップ味の利いた泡の細かい上品な瓶ビール。チェコのピルゼンのビールに由来する。
Helles Bier	[ヘレス ビーァ]	明るい色の生ビール。
Dunkles	[ドゥンクレス]	いわゆる黒ビール。
Altbier	[アルトビーァ]	ホップの利いた赤いビール。
Faßbier	[ファスビーァ]	樽生ビール。
Weißbier	[ヴァイスビーァ]	小麦からつくったさっぱりした味のビール。
Berliner Weiße	[ベルリーナー ヴァイセ]	ベルリーンの甘味・酸味のあるビール。

Aufgabe (課題) 1

A 次の動詞の意味を調べ、現在人称変化を書くこと。

lernen spielen baden sitzen hassen handeln

B カッコ内の不定詞を定動詞にして和訳しなさい。

1. Was (lernen) Sie? —— Wir (lernen) Englisch und Deutsch.
2. Wie (heißen) du? —— Ich (heißen) Franz Meyer.
3. Wo (wohnen) Herr Schmidt? —— Er (wohnen) in Heidelberg.
4. Woher (kommen) Sie, Herr Tanaka? —— Ich (kommen) aus Japan.
5. (Spielen) Frau Schumann nicht Klavier? —— Doch, sie (spielen) sogar sehr gut Klavier.

C カッコ内の語を主語にし、下線の語を文頭に出して、不定詞句を文章にしなさい。

1. (ich) seit April fleißig Deutsch lernen
2. (er) heute Abend nicht baden
3. (du) morgen nach München reisen
4. (Sie) jetzt in Nürnberg wohnen
5. (ihr) sehr gut Tennis spielen, aber nicht so gut Fußball

D 独訳

1. あなたは今どこにお住まいですか？ —— 私は今デュッセルドルフに住んでいます。
   (Düsseldorf, in, jetzt, wohnen)
2. 彼は熱心に勉強しないのですか？ —— いいえ、彼はとても熱心に勉強しますよ。
   (arbeiten, fleißig, nicht, sehr, doch)
3. 私は日本から来ており、今ゲッティンゲンでドイツ語を学んでいます。
   (aus, Deutsch, Göttingen, in, Japan, jetzt, kommen, lernen)

〔解答199頁〕

Lektion 3 【drei】
〈レクツィオーン〉　〈ドライ〉

第3課

《― 名詞の性と定冠詞・不定冠詞、重要動詞 ―》

§1　名詞の性と冠詞

◆ドイツ語の名詞は、男性（略：*m.*, 男）、女性（略：*f.*, 女）、中性（略：*n.*, 中）のいずれかの性に属します。一見性がないと思われる名詞にも性があり、自然の性と一致しないものもあります。名詞の性は文法上の性で、論理的に決まっているわけではないので覚えるのは大変ですが、はじめは辞書で確かめながら、一つ一つ覚えるよう心がけること。語形などから性が決まる場合もあるので、少しずつ説明します。

◆冠詞には定冠詞と不定冠詞があり、とくに定冠詞は名詞の性を明確に表します。

	m. 男	*f.* 女	*n.* 中
定冠詞	**der Vater**（父） デア　ファーター	**die Mutter**（母） ディー　ムッター	**das Kind**（子供） ダス　キント
	der Tisch（机） デア　ティシュ	**die Tür**（ドア） ディー　テューア	**das Fenster**（窓） ダス　フェンスター
	der Spaß（楽しみ） デア　シュパース	**die Freude**（喜び） ディー　フロイデ	**das Leid**（悲しみ） ダス　ライト
不定冠詞	**ein Tag**（一日） アイン　ターク	**eine Nacht**（一夜） アイネ　ナハト	**ein Jahr**（一年） アイン　ヤール
代名詞	**er**（彼） エア	**sie**（彼女） ズィー	**es**（それ） エス

注

❶ 名詞の性の略語は、*m.* 男、*f.* 女、*n.* 中など辞書によって違いがあります。

❷ 3人称の代名詞 **er** は男性名詞の代名詞、**sie** は女性名詞の代名詞、**es** は中性名詞の代名詞です。したがって、**er** は「彼」だけでなく「それ」の場合があり、**sie** は「彼女」だけではなく「それ」の場合があり、**es** は「それ」だけではなく「彼」「彼女」となる場合もあります。

§2　名詞の格

(who)　(whose)　(whom)

◆名詞には、wer「誰が」、wessen「誰の」、wem「誰に」、wen「誰を」に相当する4通りの格があり、これを**1格**（主格）、**2格**（属格、所有格）、**3格**（与格、間接目的格）、**4格**（対格、直接目的格）といいます。格は定冠詞など名詞を修飾する語の変化によって示されます。

1格　　**Der Vater** spielt sehr gern Golf.
　　　　　デア　ファーター　シュピールト　ゼーア　ゲルン　ゴルフ
　　　　　（**父は**ゴルフ[をするの]が大好きです。）

2格　　Das Auto **des Vaters** ist neu.
　　　　　ダス　アウトー　デス　ファータース　イスト　ノイ
　　　　　（**父の**車は新しい。）

3格　　Wir schenken **dem Vater** Golfschuhe.
　　　　　ヴィーア　シェンケン　デム　ファーター　ゴルフシューエ
　　　　　（私たちは**父に**ゴルフシューズを贈ります。）

4格　　Wir lieben **den Vater**.
　　　　　ヴィーア　リーベン　デン　ファーター
　　　　　（私たちは**父を**愛しています。）

---

§3　定冠詞と不定冠詞の格変化

◆定冠詞と不定冠詞の格変化は、格変化するあらゆる語の基本となるので、デア・デス・デム・デン…と、何度も読み書きして、しっかり覚えること。男性・女性・中性の区別があるのは、単数（略：*sg.*）のときだけで、複数（略：*pl.*）になると性の区別がなくなり、各性共通となります。

定冠詞	単　　数			複　数
	男	女	中	各性共通
1格	der デア	die ディー	das ダス	die ディー
2格	des デス	der デア	des デス	der デア
3格	dem デム	der デア	dem デム	den デン
4格	den デン	die ディー	das ダス	die ディー

Singular
ズィングラール

Plural
プルーラール

不定冠詞	単数 男	単数 女	単数 中	複数 各性共通
1格	ein アイン	eine アイネ	ein アイン	なし
2格	eines アイネス	einer アイナー	eines アイネス	なし
3格	einem アイネム	einer アイナー	einem アイネム	なし
4格	einen アイネン	eine アイネ	ein アイン	なし

語尾がない

※〕不定冠詞は、「一つの…、ある…」の意味があるので、複数形はありません。不定冠詞の付いた名詞を複数にするときは、無冠詞になります。また不定冠詞の変化は、男性1格と、中性1・4格に語尾がなく、これが定冠詞と違うところです。

§4 名詞の格変化

◆ 女性名詞は変化しません。男性名詞の大部分とすべての中性名詞は、2格に -s または -es の語尾が付きます。男性名詞の中に、2格、3格、4格に -[e]n の語尾が付くものがあり、これを男性弱変化名詞といいます。

	男	女	中	男性弱変化名詞
1格	der Vater デア ファーター	die Mutter ディー ムッター	das Kind ダス キント	der Student デア シュトゥデント
2格	des Vaters デス ファーナース	der Mutter デア ムッター	des Kindes デス キンデス	des Studenten デス シュトゥデンテン
3格	dem Vater デム ファーター	der Mutter デア ムッター	dem Kind デム キント	dem Studenten デム シュトゥデンテン
4格	den Vater デン ファーター	die Mutter ディー ムッター	das Kind ダス キント	den Studenten デン シュトゥデンテン

> ❶ -s か -es かは口調によります。-es を付けないと発音しにくいもの（Haus「家」、Arzt「医者」など）以外は -s でよいのです。
> ❷ 2格に -[e]s が付く名詞は、慣用的表現で3格に -e が付くことがあります。

§5　辞書の表記の見方、その他

◆名詞は、辞書でたとえば次のように、見出し語（単数1格）、性別、単数2格、複数1格、意味、の順に表記されています。複数形については次の課で学びます。

Vater	*m.* -s／Väter	（父）	→ 男性 2格 -s → des Vaters
Mutter	*f.* -／Mütter	（母）	→ 女性 2格 - → der Mutter
Kind	*n.* -[e]s／-er	（子供）	→ 中性 2格 -[e]s → des Kind[e]s
Student	*m.* -en／-en	（学生）	→ 男性 2格 -en → des Studenten
Erlebnis	*n.* -ses／-se	（体験）	→ 中性 2格 -ses → des Erlebnisses

◆複合名詞の性と変化は、《基礎語》（最後の名詞）に従います。

Mutter *f.*（母）＋ Tag *m.*（日）
　→ der Muttertag *m.*（母の日）　2格 des Muttertags
　　　デア　ムッタータ―ク　　　　　　　　デス　ムッタータ―クス

Eisen *n.*（鉄）＋ Bahn *f.*（軌道）
　→ die Eisenbahn *f.*（鉄道）　2格 der Eisenbahn
　　　ディー　アイゼンバーン　　　　　　デア　アイゼンバーン

◆縮小語尾 -chen, -lein の付いた縮小名詞は、もとの名詞の性や意味のいかんにかかわらず中性名詞となります。また、変音可能な母音（a, o, u, au）は変音します。

der Hund（犬）　→　das Hündchen　（小犬、かわいい犬）
　デア　フント　　　　　ダス　フュントヒェン

die Katze（猫）　→　das Kätzchen　（子猫、かわいい猫）
　ディー　カッツェ　　　　ダス　ケッツヒェン

die Frau（女性）　→　das Fräulein　（お嬢さん、未婚の若い女）
　ディー　フラウ　　　　　ダス　フロイライン

die Magd（乙女）　→　das Mädchen　（少女、若い娘）
　ディー　マークト　　　　ダス　メートヒェン

◆**男性名詞 + in** は女性名詞になります。変音するものがあります。

  der Schüler　（男生徒）　→　die Schülerin　（女生徒）
  デア　シューラー　　　　　　　　　ディー　シューレリン

  der Arzt　　（医者）　→　die Ärztin　　（女医）
  デア　アールツト　　　　　　　　　ディー　エールツティン

§6　重要な不規則動詞 sein (*be*), haben (*have*), werden (*become*)

　この３つの動詞は、完了・未来・受動の助動詞としても使われるきわめて重要な動詞なので、変化は不規則ですが必ず覚えてください。

◆現在人称変化と簡単な用例

sein（…である）	**haben**（持っている）	**werden**（…になる）
ザイン	ハーベン	ヴェーアデン
ich bin	ich habe	ich werde
イヒ　ビン	イヒ　ハーベ	イヒ　ヴェーアデ
du bist	du hast	du wirst
ドゥー　ビスト	ドゥー　ハスト	ドゥー　ヴィルスト
er ist	er hat	er wird
エア　イスト	エア　ハット	エア　ヴィルト
wir sind	wir haben	wir werden
ヴィーア　ズィント	ヴィーア　ハーベン	ヴィーア　ヴェーアデン
ihr seid	ihr habt	ihr werdet
イーア　ザイト	イーア　ハープト	イーア　ヴェーアデット
sie sind	sie haben	sie werden
ズィー　ズィント	ズィー　ハーベン	ズィー　ヴェーアデン

文例

　　　　私は・・・です。彼は・・・です。と
　　　　身分・職業を紹介するときは冠詞がいらない

Er ist Student*.　Sie ist Studentin*.　Sie sind jung.
エア　イスト　シュトゥデント　　ズィー　イスト　シュトゥデンティン　　ズィー　ズィント　ユング

（彼は大学生です。彼女は大学生です。彼らは若いです。）

Sind Sie Japaner*?　── Ja, ich bin [wir sind] Japaner.
ズィント　ズィー　ヤパーナー　　　　ヤー　イヒ　ビン　ヴィーア　ズィント　ヤパーナー

（あなた [あなたがた] は日本人ですか？ ── はい、私 [私たち] は日本人です。）

Sind sie auch Japaner? —— Nein, sie sind nicht Japaner.
ズィント ズィー **アウホ** ヤパーナー　　ナイン ズィー ズィント ニヒト ヤパーナー

（彼らも日本人ですか？ —— いいえ、彼らは日本人ではありません。）

Haben Sie Geschwister?　　兄、弟の区別がない　　姉、妹の区別がない
ハーベン ズィー ゲシュヴィスター

—— Ja, ich habe einen Bruder und eine Schwester.
ヤー イヒ ハーベ アイネン ブルーダー ウント アイネ シュヴェスター

（ごきょうだいがおありですか？
　　—— はい、兄[弟]が一人と姉[妹]が一人おります。）

Hast du jetzt Zeit? —— Ja, ich habe jetzt Zeit.
ハスト ドゥー **イェツト** ツァイト　　ヤー イヒ ハーベ イェツト ツァイト

（今、ひまかい？ —— うん、今ひまだよ。）

Was wirst du in Zukunft? —— Ich werde Arzt*.
ヴァス ヴィルスト ドゥー イン **ツークンフト**　　イヒ ヴェーアデ **アールツト**

（きみは将来何になるの？ —— ぼくは医者になるんだ。）

Werden Sie oft krank?
ヴェーアデン ズィー オフト ク**ラ**ンク

—— Nein, ich werde selten krank.
ナイン イヒ ヴェーアデ **ゼ**ルテン ク**ラ**ンク

（よく病気になりますか？ —— いいえ、めったに病気になりません。）

*Zeit haben（時間がある、ひまがある）
in Zukunft（将来）など熟語的用法では
名詞が無冠詞になることが多い*

Lektion 3 [drei]：第3課／名詞の性と定冠詞・不定冠詞、重要動詞

61

Aufgabe（課題）2

A 次の語の性と意味を調べ、定冠詞を付けて格変化しなさい。

Bruder　Schwester　Junge　Mädchen　Arzt　Ereignis

B 次の語の性と意味を調べ、不定冠詞を付けて格変化しなさい。

Buch　Brief　Karte　Zimmer　Tisch　Krawatte

C 下線部に語尾を補って和訳しなさい。

1. Was ist das? Das ist ein___ Ring. Er ist d___ Ring d___ Mutter.
2. Hier liegt ein___ Buch. D___ Buch schenke ich d___ Schwester.
3. Ich habe ein___ Bruder. Er ist d___ Großvater sehr ähnlich.
4. D___ Mädchen schreibt jetzt d___ Mutter ein___ Brief.
5. D___ Student liebt d___ Tochter ein___ Arzt___.
6. Heute ist Muttertag. Wir schenken d___ Mutter

    ein___ Blumenstrauß.

D カッコ内にseinまたはhabenの適当な形を入れて和訳しなさい。

1. (　　) Sie Chinese?

    ── Nein, ich (　　) nicht Chinese, sondern Japaner.
2. Kommt sie noch nicht? ── Doch, sie (　　) schon da.
3. (　　) Sie heute ein Zimmer frei?

    ── Ja, wir (　　) noch ein Zimmer mit Bad frei.
4. Morgen (　　) Sonntag. (　　) ihr einen Plan?

    ── Ja, wir (　　) einen Plan. Wir machen einen Ausflug.
5. Was (　　) du da?

    ── Ich (　　) eine Zeitschrift. Sie (　　) sehr interessant.

E 独訳（カッコ内の単語は辞書で調べること。）

1. 父は庭を愛しています。庭仕事は父の趣味です。

    (Garten, Gartenarbeit（無冠詞）, Hobby, Vater)

2. きみは何を持っているの？ —— 指輪。これ、とても高いのよ。

    (da, der, ein, Ring, sehr, teuer)

3. 今日は父の誕生日です。私たちは父に一本のネクタイをプレゼントします。

    (Geburtstag, heute, Krawatte, schenken)

〔解答200頁〕

Lektion 4 【vier】
〈レクツィオーン〉　〈フィーア〉

第4課

― 名詞の複数形 ―

　この課では、名詞の複数形を学びます。ドイツ語の場合は、英語の場合よりもかなり複雑ですが、少しずつ、根気よく覚えましょう。

§1　単数から複数へ

◆名詞は《単数》（略：*sg.*）では性別があるが、《複数》（略：*pl.*）になると性別がなくなり、すべて複数名詞（定冠詞→ die　不定冠詞→無冠詞）となります。

der Vater → die Väter （父親たち）	ein Tag → Tage （日々）
デア ファーター　ディー フェーター	アイン ターク　ターゲ
die Mutter → die Mütter （母親たち）	eine Nacht → Nächte （夜々）
ディー ムッター　ディー ミュッター	アイネ ナハト　ネヒテ
das Kind → die Kinder （子供たち）	ein Jahr → Jahre （年々）
ダス キント　ディー キンダー	アイン ヤール　ヤーレ

§2　4種類の複数形

̈ はウムラウトする場合としない場合があることを表している

◆ドイツ語の名詞の複数形には、❶ ̈ 無語尾型、❷ ̈ e 型、❸ ̈ er 型、❹ -[e]n 型の4種類があります。

❶ ̈ 無語尾型

単数を複数にするとき、語尾が付かないが、ウムラウトするものがあります。
-el, -er, -en の形をした男性・中性名詞が多い。女性名詞はMutter, Tochterのみ。

der Onkel （おじ）	→ die Onkel
デア オンケル	ディー オンケル
das Fenster （窓）	→ die Fenster
ダス フェンスター	ディー フェンスター
der Vogel （小鳥）	→ die Vögel
デア フォーゲル	ディー フェーゲル
der Vater （父）	→ die Väter
デア ファーター	ディー フェーター
der Garten （庭）	→ die Gärten
デア ガルテン	ディー ゲルテン

❷ ⸚ e 型

複数には **-e** が付き、ウムラウトするものがあります。男性名詞で1音節のものはほとんどこの型です。女性名詞（2語）はウムラウトします。

— Mutter（母）と Tochter（娘）

der Tag デア　ターク	（日）	→	die Tage ディー　ターゲ
der Hund デア　フント	（犬）	→	die Hunde ディー　フンデ
der Sohn デア　ゾーン	（息子）	→	die Söhne ディー　ゼーネ
die Nacht ディー　ナハト	（夜）	→	die Nächte ディー　ネヒテ

❸ ⸚ er 型

複数には語尾 **-er** が付き、**a, o, u, au** はかならずウムラウトします。1音節の中性名詞はほとんどこの型に属する。女性名詞は1つもありません。

das Kind ダス　キント	（子供）	→	die Kinder ディー　キンダー
der Mann デア　マン	（男）	→	die Männer ディー　メンナー
das Buch ダス　ブーフ	（本）	→	die Bücher ディー　ビューヒャー
das Haus ダス　ハウス	（家）	→	die Häuser ディー　ホイザー

❹ -[e]n 型

複数には語尾 **-en** か **-n** が付き、ウムラウトはしません。大部分の女性名詞と若干の男性名詞がこの型に属する。

die Frau ディー　フラウ	（女性）	→	die Frauen ディー　フラウエン
die Blume ディー　ブルーメ	（草花）	→	die Blumen ディー　ブルーメン
die Schwester ディー　シュヴェスター	（姉〔妹〕）	→	die Schwestern ディー　シュヴェスターン
der Mensch デア　メンシュ	（人間）	→	die Menschen ディー　メンシェン
der Junge デア　ユンゲ	（少年）	→	die Jungen ディー　ユンゲン

Lektion 4 [vier]：第4課／名詞の複数形

§3　複数名詞の格変化

◆複数の定冠詞の格変化は、**die, der, den, die** となります。名詞の複数3格には -n が付きます。ただし -[e]n 型には付きません。

	無語尾型	e型	er型	[e]n型
1格	die Väter ディー フェーター	die Nächte ディー ネヒテ	die Häuser ディー ホイザー	die Frauen ディー フラウエン
2格	der Väter デア フェーター	der Nächte デア ネヒテ	der Häuser デア ホイザー	der Frauen デア フラウエン
3格	den Vätern デン フェーターン	den Nächten デン ネヒテン	den Häusern デン ホイザーン	den Frauen デン フラウエン
4格	die Väter ディー フェーター	die Nächte ディー ネヒテ	die Häuser ディー ホイザー	die Frauen ディー フラウエン

◆男性名詞で、複数変化が -[e]n 型に属するものを、男性弱変化名詞といいます。男性弱変化名詞は、単数2格、3格、4格、および複数すべての格に -[e]n が付きます。

男性弱変化名詞

	Junge		Mensch	
1格	der Junge デア ユンゲ	die Jungen ディー ユンゲン	der Mensch デア メンシュ	die Menschen ディー メンシェン
2格	des Jungen デス ユンゲン	der Jungen デア ユンゲン	des Menschen デス メンシェン	der Menschen デア メンシェン
3格	dem Jungen デム ユンゲン	den Jungen デン ユンゲン	dem Menschen デム メンシェン	den Menschen デン メンシェン
4格	den Jungen デン ユンゲン	die Jungen ディー ユンゲン	den Menschen デン メンシェン	die Menschen ディー メンシェン

◆主として英語から入ってきた比較的新しい名詞の複数には、英語と同じ -[e]s の語尾を付けるものが若干あります。
Auto, Baby, Hotel, Kamera などです。これらの語には、複数3格に -n を付けません。

§4　辞書の表記の見方

◆名詞を辞書で引くと、単数1格（見出し語）、性別、単数2格、複数1格の順に形が示されています。

	単数1格	単数2格	複数1格
Vater *m.* -s / Väter → 男	der Vater	des Vaters	die Väter
Mutter *f.* - / Mütter → 女	die Mutter	der Mutter	die Mütter
Kind *n.* -[e]s / -er → 中	das Kind	des Kind[e]s	die Kinder
Student *m.* -en / -en → 男	der Student	des Studenten	die Studenten

◆この表記から、すべての名詞はその全変化を知ることができます。

Vater *m.* -s / Väter
ファーター　　フェーター

der Vater	die Väter
デア ファーター	ディー フェーター
des Vaters	der Väter
デス ファータース	デア フェーター
dem Vater	den Vätern
デム ファーター	デン フェーターン
den Vater	die Väter
デン ファーター	ディー フェーター

Mutter *f.* - / Mütter
ムッター　　ミュッター

die Mutter	die Mütter
ディー ムッター	ディー ミュッター
der Mutter	der Mütter
デア ムッター	デア ミュッター
der Mutter	den Müttern
デア ムッター	デン ミュッターン
die Mutter	die Mütter
ディー ムッター	ディー ミュッター

Kind *n.* -[e]s / -er
キント

das Kind	die Kinder
ダス キント	ディー キンダー
des Kindes	der Kinder
デス キンデス	デア キンダー
dem Kind	den Kindern
デム キント	デン キンダーン
das Kind	die Kinder
ダス キント	ディー キンダー

Student *m.* -en / -en
シュトゥデント

der Student	die Studenten
デア シュトゥデント	ディー シュトゥデンテン
des Studenten	der Studenten
デス シュトゥデンテン	デア シュトゥデンテン
dem Studenten	den Studenten
デム シュトゥデンテン	デン シュトゥデンテン
den Studenten	die Studenten
デン シュトゥデンテン	ディー シュトゥデンテン

Lektion 4 [vier]：第4課／名詞の複数形

練習 次の名詞の意味を調べ、単数・複数の格変化を書くこと。

Onkel *m.* -s / -	Tag *m.* -[e]s / -e	Bruder *m.* -s / Brüder
Schwester *f.* - / -n	Nacht *f.* - / Nächte	Frau *f.* - / -en
Haus *n.* -[e]s / Häuser	Buch *n.* -[e]s / Bücher	
Junge *m.* -n / -n	Ereignis* *n.* -ses / -se	
Studentin* *f.* - / -nen	Name* *m.* -ns / -n	Herr* *m.* -n / -en

※〕 1. Ereignis, Studentinなど-nis, -inに終わるものは、発音の都合上、子音を重ねて語尾を付けます。die Ereignisse; die Studentinnen
2. Nameのように2格に-nsが付くものは、3格、4格が-n。
3. Herrは単数2、3、4格が-n、複数は-en。

◆ Herz *n.*（心、心臓、ハート）、Saal *n.*（広間）、Landsmann *m.*（同郷人）などは特殊変化をするので、辞書で確認してください。

特定の語尾が付くと女性名詞になる

■女性名詞

● **…heit** 形容詞、名詞の後に付いて、抽象・集合名詞をつくる。
Freiheit（自由） frei（自由な）/ Menschheit（人類） Mensch（人間）
● **…keit** 形容詞に付いて、抽象名詞をつくる。
Ewigkeit（永遠） ewig（永遠な）/ Eitelkeit（虚栄心） eitel（うぬぼれた）
● **…ung** 動詞の語幹に付いて、同じ意味の名詞をつくる。
Aufregung（興奮） aufregen（興奮させる）
/ Wohnung（住居） wohnen（住む）

■格について

1格、2格、3格、4格というのは、ドイツ語文法を説明するときに便宜的に使うわが国だけの表現です。本来はラテン語で、辞書によっては、その略語や、ドイツ語化した語の略語などが使われます。これを一覧表にすると、次のようになります。

	ラテン語	略	訳	ドイツ語	略	
1格	nominativus	(*nom.*)	主格	Nominativ	(*Nom.*)	主語, 主語と同格
2格	genitivus	(*gen.*)	属格	Genitiv	(*Gen.*)	所有格に相当
3格	dativus	(*dat.*)	与格	Dativ	(*Dat.*)	間接目的格に相当
4格	accusativus	(*acc.*)	対格	Akkusativ	(*Akk.*)	直接目的格に相当

Aufgabe (課題) 3

A 次の複数名詞の型名 (① ¨無語尾型、② ¨e型、③ ¨er型、④-[e]n型) と単数形を言いなさい。

Städte 町　Blumen 草花　Dörfer 村　Vögel 小鳥　Berge 山
Frauen 女性　Briefe 手紙　Gärten 庭　Bücher 本　Hände 手

B 主語を複数にして、文を書き改めなさい。定動詞も変わることに注意。

1. Das Kind spielt gern Fußball.
2. Ein Vogel fliegt von Baum zu Baum und singt schön.
3. Das Haar des Mädchens ist blond, und das Auge ist blau.
4. Hier liegt ein Wörterbuch. Es gehört dem Studenten.
5. Hier wohnen ein Mann und eine Frau.

C カッコ内の語を複数形に変えて和訳しなさい。

1. Haben Sie (ein Kind)? Ja, wir haben fünf (Kind): zwei (Junge) und drei (Mädchen).
2. Der Professor kommt und beginnt die Vorlesung. (der Student) und (die Studentin) öffnen (das Lesebuch) und (das Heft).
3. Das Jahr hat 12 (Monat), der Monat hat 4 (Woche), die Woche hat 7 (Tag), der Tag hat 24 (Stunde), die Stunde hat 60 (Minute) und die Minute hat 60 (Sekunde).
4. Der Mensch hat zwei (Auge), zwei (Augenbraue), zwei (Ohr), zwei (Nasenloch), zwei (Lippe), zwei (Arm), zwei (Bein), zwei (Hand) und zwei (Fuß).

D 独訳

1. 両親が子供たちに三冊の絵本をプレゼントする。
   (Bilderbuch *n.* -[e]s ... bücher, drei, Eltern *pl.*, Kind *n.* -[e]s -er)
2. 一年は四つの季節をもつ。それらは春、夏、秋、冬という。
   (Frühling *m.*, heißen, Herbst *m.*, Jahr *n.*, Jahreszeit *f.*,
   Sommer *m.*, Winter *m.*)
3. この教室には四つの窓と二つのドアと二つの黒板とたくさんの机と椅子がある。
   (Fenster *n.*, Klassenzimmer *n.*, Stuhl *m.*, Tafel *f.*, Tisch *m.*,
   Tür *f.*, viele)

〔解答201頁〕

Lektion 5 【fünf】
〈レクツィオーン〉　〈フュンフ〉

第5課

― 冠詞型変化詞、人称代名詞 ―

§1　定冠詞型変化詞

◆ dieser を代表として、次の語は定冠詞とほぼ同じ格変化をします。

dieser ディーザー	（この…、これ、この人）〈物〉	*(this)*
jener イェーナー	（あの…、あれ、あの人）〈物〉	*(that)*
solcher ゾルヒャー	（そのような…、そんな…）	*(such)*
welcher ヴェルヒャー	（どの、どれ、どんな）	*(which)*
aller アッラー	（すべての…、すべての人）〈物〉	*(all)*
mancher マンヒャー	（かなりの数の…、かなりの人）〈物〉	*(many, some)*
jeder【単数のみ】 イェーダー	（どの…も、すべての人）〈物〉	*(every)*

定冠詞の変化

	男	女	中	複
1格	der	die	das	die
2格	des	der	des	der
3格	dem	der	dem	den
4格	den	die	das	die

dieserの変化

※〕女性1・4格と中性1・4格の語尾が、定冠詞の変化とやや違うので注意。

	男	女	中	複
1格	dieser ディーザー	diese ディーゼ	dieses ディーゼス	diese ディーゼ
2格	dieses ディーゼス	dieser ディーザー	dieses ディーゼス	dieser ディーザー
3格	diesem ディーゼム	dieser ディーザー	diesem ディーゼム	diesen ディーゼン
4格	diesen ディーゼン	diese ディーゼ	dieses ディーゼス	diese ディーゼ

◆格の用法は定冠詞の場合と同様です。

Dieses Kind spielt gern Fußball.
ディーゼス　キント　シュピールト　ゲルン　フースバル

（この子はサッカーをするのが好きです。）

Der Vater dieses Kindes ist Arzt. （この子のお父さんは医者です。）
デア　ファーター　ディーゼス　キンデス　イスト　アールツト

Ich schenke diesem Kind einen Fußball.
イヒ　シェンケ　ディーゼム　キント　アイネン　フースバル

（私はこの子にサッカーボールをプレゼントします。）

Wir lieben dieses Kind. （私たちはこの子を愛しています。）
ヴィーア　リーベン　ディーゼス　キント

◆定冠詞型変化詞は、英語の場合と同様に、名詞を修飾する形容詞的用法と、単独で用いる代名詞的用法があります。

Dieser Baum ist eine Eiche, jener [Baum] ist eine Buche.
ディーザー　バウム　イスト　アイネ　アイヒェ　イェーナー　バウム　イスト　アイネ　ブーヘ

（この木はナラです。あれ〈あの木〉はブナです。）

Welches Auto gehört dieser Dame, dieses oder jenes?
ヴェルヒェス　アウトー　ゲヘールト　ディーザー　ダーメ　ディーゼス　オーダー　イェーネス

（どの車がこのご婦人のものですか、これですか、あれですか？）

Der Junge liebt das Mädchen, dieses aber liebt jenen nicht.
デア　ユンゲ　リープト　ダス　メートヒェン　ディーゼス　アーバー　リープト　イェーネン　ニヒト

（その少年はその少女を愛しています、しかし後者〈少女〉は前者〈少年〉を愛していない。）

§2 不定冠詞型変化詞

◆ mein (*my*) を代表とする次の《所有代名詞》や《否定冠詞》kein (英 *no*) は、不定冠詞と同じ変化をします。複数は定冠詞型変化となります。

mein マイン	（私の…）	(*my*)
dein ダイン	（きみの…）	(*your*)
sein ザイン	（彼の…; それの…）	(*his; its*)
ihr イーア	（彼女の…; 彼らの…）	(*her; their*)
unser ウンザー	（私たちの… ）	(*our*)
euer オイアー	（きみたちの…）	(*your*)
Ihr イーア	（あなたの…; あなたがたの…）	(*your*)
kein カイン	（一つも…ない，一人も…ない）	(*no, not a, not any*)

不定冠詞の変化

	男	女	中	複
1格	ein	eine	ein	なし
2格	eines	einer	eines	なし
3格	einem	einer	einem	なし
4格	einen	eine	ein	なし

meinの変化

※) 不定冠詞には複数形がないが、不定冠詞型変化詞には複数形があり、その変化は、定冠詞の複数変化に準じます。

	男	女	中	複
1格	mein マイン	meine マイネ	mein マイン	meine マイネ
2格	meines マイネス	meiner マイナー	meines マイネス	meiner マイナー
3格	meinem マイネム	meiner マイナー	meinem マイネム	meinen マイネン
4格	meinen マイネン	meine マイネ	mein マイン	meine マイネ

用例

　　　　　　　　　　┌─ 兄、弟の区別がない
Der Bruder meines Vaters oder meiner Mutter ist mein Onkel.
　　　　　　　　　　　　　　　　└─ 伯父、叔父の区別がない

（私の父か母の兄〈弟〉は、私の伯父〈叔父〉です。）

　　　　　　　　　┌─ 伯母、叔母の区別がない
Unsere Tante hat keine Kinder, aber sie liebt meinen Bruder wie ihren Sohn.

（私たちの伯母〈叔母〉は子供がありません。それで彼女は私の兄〈弟〉を彼女の息子のように愛しています。）

◆不定冠詞型変化詞（所有代名詞、否定冠詞）が名詞を修飾するときは、すべて左表の変化をしますが、独立した代名詞（不定代名詞）として使われるときは、定冠詞型変化詞と同じ変化、すなわち、男性1格に **-er**、中性1・4格に **-es** の語尾が付きます。

Dein Vater raucht nicht, meiner (mein Vater) aber raucht sehr viel.

（きみのお父さんはタバコを吸わないが、うちの父はとてもたくさん吸う。）

Ich habe ein Kind, aber er hat kein[e]s (kein Kind).

（私は一人子供があるが、彼は一人もいない。）

Das ist eines meiner Kinder.

（これは私の子供たちの一人です。）

§3 人称代名詞

◆人称代名詞の格変化

		1人称	2人称(親称)	3人称			2人称(敬称)
単	1格	ich イヒ	du ドゥー	er エァ	sie ズィー	es エス	Sie ズィー
単	2格	meiner マイナー	deiner ダイナー	seiner ザイナー	ihrer イーラー	seiner ザイナー	Ihrer イーラー
単	3格	mir ミーア	dir ディーア	ihm イーム	ihr イーア	ihm イーム	Ihnen イーネン
単	4格	mich ミッヒ	dich ディヒ	ihn イーン	sie ズィー	es エス	Sie ズィー
複	1格	wir ヴィーア	ihr イーア	sie ズィー			Sie ズィー
複	2格	unser ウンザー	euer オイアー	ihrer イーラー			Ihrer イーラー
複	3格	uns ウンス	euch オイヒ	ihnen イーネン			Ihnen イーネン
複	4格	uns ウンス	euch オイヒ	sie ズィー			Sie ズィー

※］2格は、英語の *of me, of you* …に相当するもので、所有の意味はありません。英 *instead of me, think of you* など、前置詞や少数の動詞とともに使われます。所有の意味には、不定冠詞型変化詞（所有代名詞→72頁）が使われます。

◆3人称の人称代名詞は、同じ性の名詞（人物や物）を受けます。　所有代名詞

der Vater （父は）	→ er （彼は）	mein Tisch （私の机は）	→ er （それは）
das Auto des Vaters （父の車は）	→ sein Auto （彼の車は）	meines Tisches （私の机の）	→ sein （それの…）
dem Vater （父に）	→ ihm （彼に）	meinem Tisch （私の机に）	→ ihm （それに）
den Vater （父を）	→ ihn （彼を）	meinen Tisch （私の机を）	→ ihn （それを）

用例

Er liebt **sie**, aber **sie** liebt **ihn** nicht.
エァ リープト ズィー アーバー ズィー リープト イーン ニヒト

（彼は彼女を愛しているが、彼女は彼を愛していない。）

Bringen **Sie mir** bitte ein Kännchen Kaffee!
ブリンゲン ズィー ミーア ビッテ アイン ケンヒェン カフェー〈カフェ〉

（私にポットコーヒーをください！）

Bringen **Sie es mir**!
ブリンゲン ズィー エス ミーア

（それを私にもってきてください！）

Wir kaufen einen Ring und schenken **ihn ihr**.
ヴィーア カウフェン アイネン リング ウント シェンケン イーン イーア

（私たちは指輪を買って、それを彼女にプレゼントする。）

※〕人称代名詞の目的語が2個並ぶときは、4格・3格の順に並べます。

■月 Monat ［モーナート］（すべて男性名詞）

1月	Januar	［ヤヌアール］
2月	Februar	［フェブルアール］
3月	März	［メルツ］
4月	April	［アプリル］
5月	Mai	［マイ］
6月	Juni	［ユーニ］
7月	Juli	［ユーリ］
8月	August	［アウグスト］
9月	September	［ゼプテムバー］
10月	Oktober	［オクトーバー］
11月	November	［ノヴェムバー］
12月	Dezember	［デッツェムバー］

Aufgabe (課題) 4

A 語尾を補って和訳しなさい。

1. All___ Anfang ist schwer. *(Sprichwort)* —— 諺
2. All___ Wege führen nach Rom. *(Spw.)* —— *Sprichwort* の略
3. Jed___ Topf findet sein___ Deckel. *(Spw.)*
4. Ein___ Schwalbe macht noch kein___ Sommer. *(Spw.)*
5. Jen___ Herr ist der Bürgermeister dies___ Stadt.
6. Welch___ Wagen gehört Ihnen, dies___ oder jen___?
7. Manch___ Universitäten in Deutschland sind viel___ Hundert Jahre alt. Einig___ sind ganz neu und modern.
8. Der Bruder mein___ Vaters oder mein___ Mutter ist mein___ Onkel.
9. Unser___ Tante hat kein___ Kinder, aber sie liebt mein___ Bruder wie ihr___ Sohn.

B 各文の名詞を人称代名詞にしなさい。

1. Der Junge liebt das Mädchen, aber das Mädchen liebt den Jungen nicht.
2. Der Vater kauft einen Fußball und schenkt den Ball seinen Kindern.
3. Der Professor fragt eine Studentin und die Studentin antwortet dem Professor.
4. Wem gehört dieses Auto, diesem Herrn oder jener Dame?
5. Die Mutter schenkt ihrer Tochter einen Ring.

C 独訳

1. この絵は写真です。あの絵は油絵です。
   (Bild, dieser, ein, Foto, jener, Ölgemälde, sein)
2. 私には一人の叔父がおります。彼は私の母の弟です。彼は二人の娘をもっています。彼女らは私の従妹です。
   (Bruder, haben, Cousine, Onkel, Tochter, zwei)
3. どうぞ私についてきてください。私があなたにその道をお教えします。
   (bitte, folgen, Weg, zeigen)

〔解答202頁〕

ちょっと一息 • ドイツリート - 1

Heidenröslein

Munter　　　　　　　　　　　　　　　　　　　　　　　Werner

Sah ein Knab' ein Rös-lein stehn, Rös-lein auf der Hei - den, war so jung und mor-gen-schön, lief er schnell, es nah zu sehn, sah's mit vie-len Freu - den. Rös-lein, Rös-lein, Rös-lein rot, Rös-lein auf der Hei - - den.

Lieblich　　　　　　　　　　　　　　　　　　　　　　Schubert

Sah ein Knab' ein Rös-lein stehn, Rös-lein auf der Hei - den, war so jung und mor-gen-schön, lief er schnell es nah zu sehn,

nachgebend
sah's mit vie-len Freu - den. Rös-lein, Rös-lein, Rös-lein rot,

wie oben
Rös-lein auf der Hei - den.

Lektion 5 [fünf]：第5課／冠詞型変化詞、人称代名詞

Heidenröslein

1. Sah ein Knab' ein Röslein stehn,
   röslein auf der Heiden,
   war so jung und morgenschön,
   lief er schnell, es nah zu sehn,
   sah's mit vielen Freuden.
   Röslein, Röslein, Röslein rot,
   Röslein auf der Heiden.

2. Knabe sprach: Ich breche dich,
   Röslein auf der Heiden!
   Röslein sprach: Ich steche dich,
   daß du ewig denkst an mich,
   und ich will's nicht leiden.
   Röslein, Röslein, Röslein rot,
   Röslein auf der Heiden.

3. Und der wilde Knabe brach
   s' Röslein auf der Heiden;
   Röslein wehrte sich und stach,
   half ihm doch kein Weh und Ach,
   mußt' es eben leiden.
   Röslein, Röslein, Röslein rot,
   Röslein auf der Heiden.

Johann Wolfgang von Goethe

野薔薇

1．ひとりの少年が一輪の薔薇が咲いているのを見た、

　野に咲く小さな薔薇を。

　薔薇は若々しく、清々しい美しさだった。

　少年は近くで見ようと走ってゆき、

　薔薇を見て大いに喜んだ。

　　薔薇、薔薇、赤い薔薇、

　　野に咲く小さな薔薇。

2．少年は言った、「私はお前を折るぞ、

　　野に咲く薔薇よ」

　　薔薇は言った、「私はあなたを刺します、

　　いつまでも私を忘れないように、

　　そして私はそれを許しません」

　　　薔薇、薔薇、赤い薔薇、

　　　野に咲く小さな薔薇。

3．そして乱暴な少年は折った

　野に咲く薔薇を。

　薔薇は抵抗し、刺したけれど、

　どんなに痛いと嘆いてもどうにもならなかった。

　結局我慢しなければならなかった。

　　薔薇、薔薇、赤い薔薇、

　　野に咲く小さな薔薇。

　　　　　　　　　　　　ヨハン・ヴォルフガング・フォン・ゲーテ

Lektion 6【sechs】〈レクツィオーン〉 〈ゼクス〉 第6課

― 前置詞 ―

§1　前置詞の格支配

◆前置詞が格変化する名詞や代名詞と結びつくとき、1格以外の一定の格と結びつきます。これを前置詞の格支配といいます。そして、❶2格支配、❷3格支配、❸4格支配、❹3・4格支配の4種類があります。

❶**2格支配の前置詞**　辞書の略語：*prp. mit gen.*；前《2格支配》など

statt シュタット	(…のかわりに)	**trotz** トロッツ	(…にもかかわらず)	
während ヴェーレント	(…の期間に)	**wegen** ヴェーゲン	(…の理由で)	*usw.*

Statt *meines Vaters* **komme ich.**　(*instead of my father*)
シュタット　マイネス　ファータース　コンメ　イヒ
　　（父の代わりに私が参ります。）

Während *des Sommers* **bleibe ich hier.**
ヴェーレント　デス　ゾンマース　ブライベ　イヒ　ヒーア
　　（夏のあいだ私はここに滞在します。）

❷**3格支配の前置詞**　辞書の略語：*prp. mit dat.*；前《3格支配》など

aus アウス	(…から［外へ］)	**bei** バイ	(…のもとで、…のときに)
mit ミット	(…とともに、…で)	**nach** ナーハ	(…のあとに、…の方へ)
seit ザイト	(…以来)	**von** フォン	(…の、…から、…について)
zu ツー	(…［のところ］へ、…のために)		*usw.*

Nach *dem Essen* gehe ich **zu** *meinem Freund*.
ナーハ　デム　エッセン　ゲーェ　イヒ　ツー　マイネム　フロイント

（食事の後に私は友人のところへ行きます。）

Seit *einer Woche* wohne ich **bei** *meiner Tante*.
ザイト　アイナー　ヴォッヘ　ヴォーネ　イヒ　バイ　マイナー　タンテ

（1週間前から私は私のおば〈伯母、叔母〉のところに住んでいます。）

❸ **4格支配の前置詞**　辞書の略語：*prp. mit acc.*；前《4格支配》など

bis ビス	（…まで）	**durch** ドゥルヒ	（…を通って）	
für フュア	（…のために）	**gegen** ゲーゲン	（…に向かって）	
ohne オーネ	（…なしに）	**um** ウム	（…のまわりに）	*usw.*

Er kommt immer **durch** *den Park*.
エア　コムト　インマー　ドゥルヒ　デン　パルク

（彼はいつも公園を通ってきます。）

Die Erde kreist **um** *die Sonne* und der Mond kreist **um** *die Erde*.
ディー　エーァデ　クライスト　ウム　ディー　ゾンネ　ウント　デア　モーント　クライスト　ウム　ディー　エーァデ

（地球は太陽の周りを回り、月は地球の周りを回る。）

Von morgens **bis** *abends* arbeitet er **ohne** *Pause*.
フォン　モルゲンス　ビス　アーベンツ　アルバイテト　エア　オーネ　パウゼ

（朝から晩まで彼は休みなく働いている。）

> ※] bisは無冠詞の名詞や副詞や他の前置詞付き名詞と結びつくことが多い。ohneは無冠詞の名詞と結びつくことが多い。

❹ **3・4格支配の前置詞**　辞書の略語：*prp. mit dat. od. acc.*；前《3格・4格支配》など

次の9個の前置詞は、静止または動作の場所を示すとき（「どこに？、どこで？」の問いに応ずるとき）は3格を支配し、動作の方向を示すとき（「どこへ？」の問いに応ずるとき）は4格を支配します。

an アン	（…きわ）	**auf** アウフ	（…の上）	**hinter** ヒンター	（…のうしろ）
in イン	（…の中）	**neben** ネーベン	（…の横）	**über** ユーバー	（…の上方）
unter ウンター	（…の下）	**vor** フォーア	（…の前）	**zwischen** ツヴィシェン	（…のあいだ）

Wo liegt der Teich? ―― Er liegt in *dem* Park.
ヴォー　リークト　デア　タイヒ　　　エア　リークト　イン　デム　パルク
（その池はどこにあるのですか？ ―― それは公園の中にあります。）

Wo spielen die Kinder? ―― Sie spielen in *dem* Park.
ヴォー　シュピーレン　ディー　キンダー　　　ズィー　シュピーレン　イン　デム　パルク
（子供たちはどこで遊んでいますか？ ―― 彼らは公園の中で遊んでいます。）

Wohin gehen die Kinder? ―― Sie gehen in *den* Park.
ヴォヒン　ゲーエン　ディー　キンダー　　　ズィー　ゲーエン　イン　デン　パルク
（子供たちはどこへ行きますか？ ―― 彼らは公園[の中]へ行きます。）

§2　前置詞と定冠詞との融合形

◆ 3格と4格を支配する前置詞の中には、定冠詞との融合形をつくるものがあります。

an dem	→ **am** アム	bei dem	→ **beim** バイム	in dem	→ **im** イム
von dem	→ **vom** フォム	zu dem	→ **zum** ツム	zu der	→ **zur** ツーア
an das	→ **ans** アンス	auf das	→ **aufs** アウフス	für das	→ **fürs** フュアス
in das	→ **ins** インス				*usw.*

◆融合形は、定冠詞に指示力がない場合や、成句的表現に用いられます。

Er sitzt an dem Fenster [bei dem Tisch, in dem Zimmer].
　　　　　　　　指示力がある

（彼はその窓のそばに [そのテーブルについて、その部屋の中に] すわっています。）

Er sitzt am Fenster [beim Tisch, im Zimmer].
　　　　　　指示力がない

（彼は窓辺に [テーブルについて、部屋の中に] すわっています。）

Er geht ans Fenster [aufs Land, ins Kino, zur Post].

（彼は窓辺へ [田舎へ、映画館へ、郵便局へ] 行きます。）

§3　人称代名詞と前置詞との融合

◆前置詞が人と結びつくときは別々に書かれますが、事物を受ける人称代名詞と結びつくときは〈da＋前置詞〉、（前置詞が母音で始まるときは、〈dar＋前置詞〉）の融合形をつくります。

Heute kommt meine Cousine zu mir. Mit ihr gehe ich ins Kino.

（今日従妹が私のところへ来る。彼女と一緒に私は映画を見に行く。）

Ich habe einen Computer. Damit schreibe ich einen Aufsatz.

（私は1台のコンピュータをもっている。それで私は論文を書く。）

Auf dem Tisch steht eine Vase, darin ist ein Rosenstrauß.

（机の上に花瓶があり、そこにバラの花束がいけてある。）

Auf dem Tisch steht eine Vase. Sie stellt einen Rosenstrauß darein.

（机の上に花瓶がある。彼女はバラの花束をその中へいける。）

※) in だけは3格 darin「その中に」と4格 darein「その中へ」の区別があります。

§4 動詞・形容詞と前置詞との関係、その他

◆動詞や形容詞が特定の前置詞と結びつくことがあります。この場合の意味や、3・4格支配の前置詞の格支配については、辞書で確認すること。英語の場合ほどたくさんないので、少しずつ覚えるように心がけましょう（196頁参照）。

jm. für *et.* danken　　《ある人³にある事⁴を感謝する》

──── Ich danke Ihnen für Ihren Brief.
　　　イヒ　ダンケ　イーネン　フュア　イーレン　ブリーフ

（私はあなたにあなたのお手紙を感謝する→お手紙ありがとうございます。）

auf *jn.* warten　　《ある人⁴を待つ》　ガールフレンド、恋人

──── Er wartet lange auf seine Freundin.
　　　エア　ヴァルテット　ランゲ　アウフ　ザイネ　フロインディン

（彼は長いこと恋人を待っている。）

mit *et.* zufrieden sein　《ある事³に満足する》

──── Er ist mit seiner Stellung zufrieden.
　　　エア　イスト　ミット　ザイナー　シュテルング　ツフリーデン

（彼は自分の地位に満足している。）

◆ある種の前置詞は支配する語のうしろに置かれることがあります。また、副詞、前置詞句などと結びつくものもあります。

der Sage nach（伝説によれば）　　**mir gegenüber**（私の向かい側に）
デア　ザーゲ　ナーハ　　　　　　　　ミーア　ゲーゲンユーバー

von heute bis morgen（今日から明日まで）　　**bis zum Tode**（死ぬまで）
フォン　ホイテ　ビス　モルゲン　　　　　　　　　ビス　ツム　トーデ

■辞書の見方／代名詞の略語とその応用

js または *j²* または 人² = jemandes ある人の2格
jm または *j³* または 人³ = jemandem ある人の3格
jn または *j⁴* または 人⁴ = jemanden ある人の4格
et² または 物² = etwas ある物［事］の2格
et³ または 物³ = etwas ある物［事］の3格
et⁴ または 物⁴ = etwas ある物［事］の4格
jm für *et⁴* danken　ある人³にある事⁴を感謝する
seinem Freund für ein Geschenk danken　友人に贈り物を感謝する
Er dankt seinem Freund für ein Geschenk.　彼は友人に贈り物を感謝する。

Aufgabe（課題）5

A カッコ内の語を適当な形にして和訳しなさい。

1. Morgen gehe ich mit (meine Kinder) zu (meine Tante).
2. Er wählt aus (das Regal) einen Stadtplan und steckt ihn in (dieTasche).
3. Seit (ein Monat) lernen wir bei (ein Chinese) Chinesisch.
4. Während (die Mittagspause) gehe ich manchmal in (der Park), aber heute bleibe ich wegen (der Regen) und (der Wind) hier.
5. Die Ausländerin fragt (ein Student) nach (der Weg) (zu der Post).

B カッコ内の語から適当なものを選んで空所に入れ、和訳しなさい。

1. _____ Sonntag fahre ich _____ meiner Frau _____ Paris.
   (am, aus, bei, im, mit, nach, von, zu, zum)
2. _____ dem Essen trinkt er immer eine Tasse Kaffee _____ Zucker.
   (für, nach, ohne, seit, um, während)
3. _____ Sommer haben die Kinder Ferien. Sie fahren _____ Meer, _____ die Berge oder _____ Land.
   (am, an, ans, aufs, beim, im, in, ins, nach, vom, vor, zu, zum)
4. Robert Koch ist berühmt _____ seine Entdeckung des Tuberkel- und Cholerabazillus.
   (durch, statt, während, wegen)
5. _____ dem Theater wartet er schon _____ einer Stunde _____ seine Freundin.
   (an, auf, aus, in, mit, seit, von, vor, zu)

C 独訳

1. 朝8時に彼女は家から出て、歩いて大学へ行く。
   (aus, Haus *n.* zu Fuß, gehen, morgens, Universität *f.*, Uhr *f.*, um, zu)
2. 母は子供たちに誕生日のプレゼントのお礼を言う。
   (*jm.* für *et*⁴ danken, Geburtstagsgeschenk *n.*, Kind *n.*)
3. 彼女の兄が一台のコンピュータをもっている。彼女はいつもそれを使って手紙を書く。
   (Brief *m.*, immer, mit, Computer *m.*, schreiben)

〔解答203頁〕

Lektion 7【sieben】〈レクツィオーン〉〈ズィーベン〉 第7課

― 現在人称変化(2)、命令法、自動詞と他動詞 ―

§1　単数2・3人称で語幹が変化する動詞

◆強変化動詞（→43、116頁参照）の中には、単数2・3人称で母音が ❶ a→ä、❷ 単音の e→i、❸ 長音の e→ie に変化するものがあります。

	❶ a→ä型	❷ e→i型	❸ e→ie型
	fahren ファーレン （乗り物で行く）	**sprechen** シュプレヒェン （話す）	**sehen** ゼーエン （見る）
ich イヒ	fahre ファーレ	spreche シュプレヒェ	sehe ゼーエ
du ドゥー	**fährst** フェーアスト	**sprichst** シュプリヒスト	**siehst** ズィースト
er エア	**fährt** フェーアト	**spricht** シュプリヒト	**sieht** ズィート
wir ヴィーア	fahren ファーレン	sprechen シュプレヒェン	sehen ゼーエン
ihr イーア	fahrt ファールト	sprecht シュプレヒト	seht ゼート
sie ズィー	fahren ファーレン	sprechen シュプレヒェン	sehen ゼーエン

◆語幹が変化した個所には -est, -et の音便語尾は用いません。語幹が -t で終わるものには活用語尾 -t を付けません。

	laden（積む） ラーデン	**gelten**（値する） ゲルテン
ich イヒ	lade ラーデ	gelte ゲルテ
du ドゥー	lädst レーツト	giltst ギルツト
er エア	lädt レート	gilt ギルト

参考　語幹が変化する重要動詞

ä型：fallen（落ちる）　fangen（捕らえる）　halten（保つ）
　　　　lassen（…させる）　schlafen（眠る）
　　　　schlagen（打つ）　tragen（運ぶ）　waschen（洗う）

i型：brechen（破る）　essen（食べる）　helfen（助ける）
　　　　messen（計る）　sterben（死ぬ）　treffen（出会う）
　　　　vergessen（忘れる）　werfen（投げる）

ie型：befehlen（命じる）　empfehlen（推薦する）
　　　　　lesen（読む）　stehlen（盗む）

※）上記のほか、au → äu（laufen 走る）、o → ö（stoßen 衝突する）、ä → ie（gebären 産む）などがあります。

◆やや不規則な変化をする重要動詞。

	geben ゲーベン （与える）	nehmen ネーメン （取る）	treten トレーテン （歩む）	wissen ヴィッセン （知っている）
ich イヒ	gebe ゲーベ	nehme ネーメ	trete トレーテ	weiß ヴァイス
du ドゥー	gibst ギープスト	nimmst ニムスト	trittst トリッツト	weißt ヴァイスト
er エア	gibt ギープト	nimmt ニムト	tritt トリット	weiß ヴァイス
wir ヴィーア	geben ゲーベン	nehmen ネーメン	treten トレーテン	wissen ヴィッセン
ihr イーア	gebt ゲープト	nehmt ネームト	tretet トレーテット	wisst ヴィスト
sie ズィー	geben ゲーベン	nehmen ネーメン	treten トレーテン	wissen ヴィッセン

§2　命令法

◆ 親称の 2 人称 du, ihr に対して「…しなさい！」と命令するときの動詞の形を命令法といいます。敬称の 2 人称 Sie に対しては、命令というより、お願いになることもあるので、命令法ではなく、接続法（→168頁）が使われますが、便宜上ここで扱います。

	不定詞 -en	du に対して -[e]!	ihr に対して -[e]t!	Sie に対して -en Sie!
一般動詞	sagen（言う）ザーゲン	Sag[e]! ザーゲ	Sagt! ザークト	Sagen Sie! ザーゲン ズィー
	kommen（来る）コンメン	Komm! コム	Kommt! コムト	Kommen Sie! コンメン ズィー
i[e] 型動詞	sprechen（話す）シュプレヒェン	Sprich! シュプリヒ	Sprecht! シュプレヒト	Sprechen Sie! シュプレヒェン ズィー
	lesen（読む）レーゼン	Lies! リース	Lest! レースト	Lesen Sie! レーゼン ズィー
例　外	werden（…になる）ヴェーアデン	Werde…! ヴェーアデ	Werdet…! ヴェーアデト	Werden Sie…! ヴェーアデン ズィー
	sein（…である）ザイン	Sei…! ザイ	Seid…! ザイト	Seien Sie…! ザイエン ズィー

※） du に対する命令法で母音が変化するのは〈 i[e] 型動詞 〉だけです。
　　ihr に対する命令法はすべて現在形と同形。
　　Sie に対する形は sein 以外すべて現在形と同形です。

◆ 命令文は動詞を文頭に置き、文尾に感嘆符！を付けます。主語 du, ihr は省き、Sie は省きません。

Antworte schnell! 　　（早く答えなさい。）
アントヴォルテ　シュネル

Sprich nicht so laut! 　　（そんなに大声でしゃべるな。）
シュプリヒ　ニヒト　ゾー　ラウト

Sprechen Sie bitte noch langsamer*!
シュプレヒェン　ズィー　ビッテ　ノッホ　ラングザーマー
　　　　　　　　　　（どうかもっとゆっくり話してください。）

※) langsamer は langsam「ゆっくり」の比較級（→108頁）。

§3　自動詞と他動詞　―動詞の格支配―

◆ドイツ語の《自動詞》・《他動詞》は、英語の場合と少し違います。自動詞は4格の目的語を必要としない動詞です。他動詞は4格の目的語を必要とする動詞です。

自動詞　　(辞書の略語 *i.*(h), *i.*(s), 圓(h), 圓(s))の例。

❶ **Ein Baby schläft.**
　　アイン　ベービ　シュレーフト
　　（赤ちゃんが眠っている。）　　　　　　〈目的語不要〉

❷ **Ich gedenke jenes Tages.**
　　イヒ　ゲデンケ　イェーネス　ターゲス
　　（私はあの日のことを思い出している。）　〈2格の目的語―稀〉

❸ **Sie hilft der Mutter.**　　4格でないことに注意
　　ズィー　ヒルフト　デア　ムッター
　　（彼女は母を助ける。）　　　　　　　　〈3格の目的語〉

❹ **Er wartet auf seine Freundin.**
　　エア　ヴァルテト　アウフ　ザイネ　フロインディン
　　（彼は恋人を待っている。）　　　　　　〈前置詞格の目的語〉

他動詞　　(辞書の略語 *t.*, 他)の例。

❶ **Ich kenne den Arzt.**
　　イヒ　ケンネ　デン　アールツト
　　（私はその医者を知っている。）　　　　〈1個の4格目的語〉

❷ **Er gibt dem Kind einen Ball.**
　　エア　ギープト　デム　キント　アイネン　バル
　　（彼はその子にボールを与える。）　　　〈3格と4格の目的語〉

❸ **Man nennt ihn "Computer".**
　　マン　ネント　イーン　コンピュータ
　　（人は彼をコンピュータと呼ぶ。）　　　〈2個の4格目的語〉

❹ **Ich frage sie nach ihrem Namen.**
　　イヒ　フラーゲ　ズィー　ナーハ　イーレム　ナーメン
　　3格でないことに注意
　　（私は彼女に名前を尋ねる。）　　　　　〈4格と前置詞格の目的語〉

Lektion 7 [sieben]：第7課／現在人称変化(2)、命令法、自動詞と他動詞

89

Aufgabe (課題) 6

A カッコ内の不定詞を適当な形に直して和訳しなさい。

1. Entschuldigen Sie bitte, wohin (fahren) der Bus? —— Es (tun) mir leid, ich (wissen) es nicht. Ich (sein) hier auch fremd.
2. Der Arzt (nehmen) die Hand des Kindes und (fühlen) den Puls. Dann (geben) er seiner Mutter ein Rezept.
3. (halten) dieser Zug an diesem Bahnhof? —— Nein, der Zug (halten) nicht an dem Bahnhof. (nehmen) Sie diesen Zug!
4. (sehen) [du] mal! Da (fahren) ICE! Der Zug (fahren) wohl nach Kopenhagen.
5. (kennen) du diese Blume? —— Ja, ich (kennen) sie. Sie (heißen) Vergißmeinnicht. Das (bedeuten): (vergessen) mich 〈mein〉 nicht!

B カッコ内の動詞を使って指示通りの命令文をつくり、和訳しなさい。

1. (sein) mir nicht böse! (Sie に対して)
2. (kommen) bitte um 8 Uhr und (helfen) mir! (du に対して)
3. (lügen) nicht, (sagen) die Wahrheit! (ihr に対して)
4. (nehmen) das Buch und (geben) es mir! (du に対して)
5. (essen) und (trinken) nicht so viel, sonst wirst du zu dick!
 (du に対して)

C 独訳

1. その女子大生は毎日市電で大学へ通っている。
 (jeden Tag, mit, Straßenbahn, Studentin, Universität, zu)
2. シュミット氏は毎朝7時に朝食をとり、新聞を読んで、それから仕事に行く。
 (Arbeit, essen, dann, Frühstück, lesen, Schmidt, um 7 Uhr, Zeitung)
3. 一人の学生が教授に相対性理論について質問する。
 (*jn.* nach *et*³ fragen, Professor, Relativitätstheorie, Student)

〔解答204頁〕

■日と時期　Tag und Zeit　［ターク ウント ツァイト］（副詞・名詞・4格副詞）

朝	morgens	［モルゲンス］
	der Morgen	［デァ　モルゲン］
午前	vormittags	［フォーァミッタークス］
	der Vormittag	［デァ　フォーァミッターク］
正午	mittags	［ミッタークス］
	der Mittag	［デァ　ミッターク］
午後	nachmittags	［ナーハミッタークス］
	der Nachmittag	［デァ　ナーハミッターク］
晩（夕方）	abends	［アーベンツ］
	der Abend	［デァ　アーベント］
夜	nachts	［ナハツ］
	die Nacht	［ディー　ナハト］
今日	heute	［ホイテ］
昨日	gestern	［ゲスターン］
一昨日	vorgestern	［フォーァゲスターン］
明日	morgen	［モルゲン］
明後日	übermorgen	［ユーバーモルゲン］
今週	diese Woche	［ディーゼ　ヴォッヘ］
今月	diesen Monat	［ディーゼン　モーナート］
先月	letzten Monat	［レッツテン　モーナート］
来月	nächsten Monat	［ネヒステン　モーナート］
今年	dieses Jahr	［ディーゼス　ヤール］
去年	letztes Jahr	［レッツテス　ヤール］
来年	nächstes Jahr	［ネヒステス　ヤール］

Lektion 7 [sieben]：第7課／現在人称変化（2）、命令法、自動詞と他動詞

Lektion 8 【acht】
〈レクツィオーン〉　　〈アハト〉

第8課

― 話法の助動詞、配語法 (2) ―

§1　単数全部が特殊な変化をする動詞

◆《話法の助動詞》と呼ばれる6個の動詞は単数全体にわたって特殊な変化をします。1人称単数と3人称単数が同じ形になります。複数の人称変化は一般動詞の場合と同じです。

	(may) dürfen デュルフェン (してよい)	(can) können ケンネン (できる)	(may) mögen メーゲン (かもしれない)	(must) müssen ミュッセン (ねばならない)	(shall) sollen ゾレン (すべきである)	(will) wollen ヴォレン (欲する)
ich	darf ダルフ	kann カン	mag マーク	muss ムス	soll ゾル	will ヴィル
du	darfst ダルフスト	kannst カンスト	magst マークスト	musst ムスト	sollst ゾルスト	willst ヴィルスト
er	darf ダルフ	kann カン	mag マーク	muss ムス	soll ゾル	will ヴィル
wir	dürfen デュルフェン	können ケンネン	mögen メーゲン	müssen ミュッセン	sollen ゾレン	wollen ヴォレン
ihr	dürft デュルフト	könnt ケント	mögt メークト	müsst ミュスト	sollt ゾルト	wollt ヴォルト
sie	dürfen デュルフェン	können ケンネン	mögen メーゲン	müssen ミュッセン	sollen ゾレン	wollen ヴォレン

1・3人称は同形　　複数は一般動詞と同変化

§2 話法の助動詞の用法

◆話法の助動詞は、本動詞の不定詞と結びつき、許可・能力・可能性・嗜好・必然性・意志 などさまざまな話法上の意味を添える働きをします。話法の助動詞を含む不定詞句を文にする要領は、一般動詞の場合と同様です。

不定詞句 bis neun Uhr zum Bahnhof gehen müssen
ビス ノイン ウーア ツム バーンホーフ ゲーエン ミュッセン

（9時までに駅へ行かねばならない）

文 Ich muss bis neun Uhr zum Bahnhof gehen.
イヒ ムス ビス ノイン ウーア ツム バーンホーフ ゲーエン

（私は9時までに駅へ行かねばならない。）

Bis neun Uhr muss ich zum Bahnhof gehen.
ビス ノイン ウーア ムス イヒ ツム バーンホーフ ゲーエン

（9時までに私は駅へ行かねばならない。）　　〈必然性〉

Darf ich hier Platz *nehmen*?
ダルフ イヒ ヒーア プラッツ ネーメン

（ここに腰掛けてよろしいですか？）　　〈許可〉

Ich kann ein wenig Deutsch [*sprechen*].
イヒ カン アイン ヴェーニヒ ドイッチュ [シュプレヒェン]

（私は少しドイツ語[を話すこと]ができます。）　　〈能力〉

Ich mag Chanson [*hören*].
イヒ マーク シャンソン [ヘーレン]

※省略されることがある

（私はシャンソン[を聞くの]が好きだ。）　　〈嗜好〉

Du sollst Medizin *studieren*.
ドゥー ゾルスト メディツィーン シュトゥディーレン

（君は医学を研究すべきだ。）　　〈話者の意志〉

Ich will Medizin *studieren*.
イヒ ヴィル メディツィーン シュトゥディーレン

（私は医学を研究しようと思っている。）　　〈主語の意志〉

◆〈möchte[n] …したい〉は《控え目な願望》を表すmögenの接続法（→171頁）ですが、日常会話でひんぱんに使われるので、独立の動詞として覚えると便利です。

möchte[n] （…したい）
メヒテン

ich möchte イヒ　メヒテ	wir möchten ヴィーア　メヒテン
du möchtest ドゥー　メヒテスト	ihr möchtet イーア　メヒテット
er möchte エァ　メヒテ	sie möchten ズィー　メヒテン

Ich möchte mit Herrn Fischer *sprechen*.
イヒ　メヒテ　ミット　ヘルン　フィッシャー　シュプレヒェン

（フィッシャーさんにお目にかかりたい〈お話ししたい〉のですが。）

Ich möchte ein Glas Wasser [*trinken*].
イヒ　メヒテ　アイン　グラース　ヴァッサー　[トリンケン]

（水を一杯頂き〈飲み〉たいのですが。）

Möchten Sie Kaffee oder Tee? — Kaffee, bitte.
メヒテン　ズィー　カフェー〈**カフェ**〉　オーダー　テー　　カフェー〈**カフェ**〉　ビッテ

（コーヒーになさいますか、紅茶になさいますか？
　　　　— コーヒーをお願いします。）

Was möchten Sie?
ヴァス　メヒテン　ズィー

— Ich möchte eine Flasche Frankenwein.
イヒ　メヒテ　アイネ　フラッシェ　フランケンヴァイン

（何にいたしましょうか？ — フランケンワインを一本ください。）

◆《使役の助動詞》（lassen …させる）や《感覚動詞》（sehen 見る、hören 聞く、fühlen 感じる）も、話法の助動詞と同じように用いることがあります。

Lassen Sie bitte einen Kellner zu mir *kommen*!
ラッセン　ズィー　ビッテ　アイネン　ケルナー　ツー　ミーア　コンメン

（ボーイを一人私のところへ来させてください。）

Er hört seine Freundin auf der Flöte *spielen*.
エァ　ヘールト　ザイネ　フロインディン　アウフ　デァ　フレーテ　シュピーレン

（彼は恋人がフルートを吹くのを聞いている。）

◆ zu をもつ不定詞と結合して、話法的意味をもつ動詞があります。

Du brauchst heute nicht *zu kommen*.
ドゥー　ブラウホスト　ホイテ　ニヒト　ツー　コンメン

（きみは今日は来なくていいよ。〈来る必要はない〉）

Ich pflege zum Abendessen Reiswein *zu trinken*.
イヒ　プフレーゲ　ツム　アーベントエッセン　ライスヴァイン　ツー　トリンケン

（私は夕食にいつも日本酒を飲みます。〈飲むのを常とする〉）

別々に発音しない

§3　配語法（2）—副文の場合—

◆《疑問詞》に導かれる間接疑問文、《従属接続詞》（112頁参照）に導かれる従属文、《関係代名詞》や《関係副詞》（158頁参照）に導かれる関係文などは、主文に接続してはじめて意味が完結するので《副文》（英語の従属節）と呼ばれます。副文では定動詞が文末に置かれて、そこで副文が終わることが明示されます。この配語法を《定動詞後置》といいます。

Wo wohnt sie? —— Ich weiß nicht, *wo sie wohnt.*
ヴォー　ヴォーント　ズィー　　イヒ　ヴァイス　ニヒト　ヴォー　ズィー　ヴォーント

（彼女はどこに住んでいるのですか？
　　—— 彼女がどこに住んでいるのか私は知りません。）

〈wo は疑問詞 = *where*〉

Er kommt heute nicht.
エア　コムト　ホイテ　ニヒト

—— Ja, ich weiß, *dass* er heute nicht kommen kann.
　　ヤー　イヒ　ヴァイス　ダス　エア　ホイテ　ニヒト　コンメン　カン

（彼は今日来ません。
　　—— うん、彼が今日来られないことは知っている。）

〈dass は従属接続詞 = *that*〉

Kennst du das Land, *wo die Zitronen blüh'n*? —Goethe—
ケンスト　ドゥー　ダス　ラント　ヴォー　ディー　ツィトローネン　ブリューン　　ゲーテ

（君は知っているか、レモン咲くあの国を？）—ゲーテ—

〈wo は関係副詞 = *where*〉

※〕主文と副文の間には必ずコンマを打ちます。なお副文については、112頁以降で詳述します。blüh'n の ' は省略記号で、詩などで韻を合わせるために blühen の e が省略されたことを表します。

Aufgabe（課題）7

A カッコ内の助動詞を含む文に書き改めて、和訳しなさい。

1. Niemand dient zwei Herren. (können) (*Bibel*)
2. Jeder Mensch stirbt einmal. (müssen)
3. Hier raucht man nicht. (dürfen)
4. Er studiert in München Medizin. (wollen)
5. Man jagt nicht zwei Hasen auf einmal. (sollen) (*Spw.*)

B 和訳しなさい。

1. Können Sie diesen Reisescheck in Euro umtauschen? Ich möchte auch etwas Kleingeld haben.
2. Die Fußgänger müssen vorsichtig über die Straße gehen und auf die Verkehrsampel achten. Rot zeigt, dass man stehenbleiben muss; Grün zeigt, dass man hinübergehen darf.
3. Das Wohnzimmer gefällt mir am besten, weil ich dort fernsehen, Bücher lesen, Briefe schreiben, Musik hören oder spielen, essen und trinken kann. Dort kann ich auch schlafen!
4. Guten Tag! Was möchten Sie? — Guten Tag! Können Sie mir den Anzug da im Schaufenster zeigen? Ich möchte ihn einmal anprobieren.
5. Ich weiß jetzt, was ich tun soll, aber meine Vernunft läßt mich frei, zu tun oder nicht zu tun, was ich soll. Und das ist unsere Tragik. Wir wollen oft nicht, was wir sollen; und wir können, wenn wir wollen, auch tun, was wir nicht sollen.

C 独訳

1. このホテルがどこにあるか知っているかい？ 今晩7時までに行かねばならないんだ。
  (bis, heute Abend, im Hotel, liegen, müssen, sein, Uhr, wissen, wo)
2. 私はこの秋東南アジアへ旅行しようと思っているので、倹約しなければなりません。
  (dieser, Herbst, müssen, reisen, sparen, Südostasien, weil, wollen)
3. うちのおじいさんは昼食の後いつも一時間睡眠をとります。
  (Großvater, Mittagessen, nach, pflegen, schlafen, Stunde, zu)

〔解答205頁〕

Lektion 9 【neun】
〈レクツィオーン〉 〈ノイン〉

第9課

― 形容詞の格変化 ―

§1 形容詞の用法

◆形容詞（辞書の略語：*a., adj.* 形）には、主語の性質を述べる《述語的用法》と、名詞を修飾する《付加語的用法》があります。また、多くの形容詞はそのまま副詞（辞書の略語：*adv.,* 副）としても用いられます。形容詞は《述語的用法》と《副詞的用法》では変化しませんが、《付加語的用法》では必ず修飾語尾を必要とします。

Die Rose ist schön.
ディー　ローゼ　イスト　シェーン

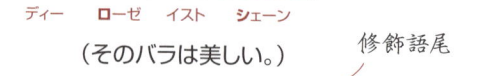

（そのバラは美しい。）　〈述語的用法〉

Die schöne Rose heißt Alexandria.
ディー　シェーネ　ローゼ　ハイスト　アレクサンドリア

（その美しいバラはアレクサンドリアという名前です。）　〈付加語的用法〉

Eine Rose blüht schön.
アイネ　ローゼ　ブリュート　シェーン

（一輪のバラが美しく咲いています。）　〈副詞的用法〉

§2 形容詞の修飾語尾

◆修飾語尾には《強語尾》（格を明示する語尾）と《弱語尾》（格を明示する必要のない語尾）とがあります。強語尾は形容詞自身が変化しないと名詞の格がわからない場合に用いられます。弱語尾は形容詞以外の語の変化語尾によって名詞の格がわかっている場合に用いられます。

	強語尾				弱語尾			
	男	女	中	複	男	女	中	複
1格	-er	-e	-es	-e	-e	-e	-e	-en
2格	[-es]*	-er	[-es]*	-er	-en	-en	-en	-en
3格	-em	-er	-em	-en	-en	-en	-en	-en
4格	-en	-e	-es	-e	-en	-e	-e	-en

※〕男性2格と中性2格の強語尾はほとんど用いられません。

§3 形容詞の格変化

◆ [無変化語] + 形容詞 + 名詞

物質名詞（気体・液体・粉末など一つ二つと数えられない名詞）には、無冠詞で形容詞が付くことが多く、格を明示する必要があるので、強語尾。ただし、男性2格と中性2格は、名詞自身の語尾 -[e]s によって格が明らかですから、形容詞はこの2個所だけ弱語尾となります。

	男 緑茶	女 温かいミルク
1格	grüner Tee グリューナー テー	warme Milch ヴァルメ ミルヒ
2格	grünen Tees グリューネン テース	warmer Milch ヴァルマー ミルヒ
3格	grünem Tee グリューネム テー	warmer Milch ヴァルマー ミルヒ
4格	grünen Tee グリューネン テー	warme Milch ヴァルメ ミルヒ

	中 冷たい水	複 甘い飲み物
1格	kaltes Wasser カルテス ヴァッサー	süße Getränke ズューセ ゲトレンケ
2格	kalten Wassers カルテン ヴァッサース	süßer Getränke ズューサー ゲトレンケ
3格	kaltem Wasser カルテム ヴァッサー	süßen Getränken ズューセン ゲトレンケン
4格	kaltes Wasser カルテス ヴァッサー	süße Getränke ズューセ ゲトレンケ

◆定冠詞[型変化詞]＋形容詞＋名詞

定冠詞［型変化詞］の語尾によって名詞の格が明らかですから、形容詞の語尾はすべて弱語尾となります。

	男 若い男	女 老婦人
1格	der junge Mann デア ユンゲ マン	die alte Frau ディー アルテ フラウ
2格	des jungen Mannes デス ユンゲン マンネス	der alten Frau デア アルテン フラウ
3格	dem jungen Mann デム ユンゲン マン	der alten Frau デア アルテン フラウ
4格	den jungen Mann デン ユンゲン マン	die alte Frau ディー アルテ フラウ

	中 賢い子供	複 善良な人々
1格	das kluge Kind ダス クルーゲ キント	die guten Leute ディー グーテン ロイテ
2格	des klugen Kindes デス クルーゲン キンデス	der guten Leute デア グーテン ロイテ
3格	dem klugen Kind デム クルーゲン キント	den guten Leuten デン グーテン ロイテン
4格	das kluge Kind ダス クルーゲ キント	die guten Leute ディー グーテン ロイテ

◆ **不定冠詞［型変化詞］＋ 形容詞 ＋ 名詞**

　不定冠詞［型変化詞］には、男性1格、中性1格・4格の3個所だけ語尾がないので、形容詞の語尾はその3個所だけ強語尾となります。

	男 一個の赤いリンゴ	女 1輪の 白いバラ
1格	ein rot**er** Apfel アイン　ローター　アプフェル	eine weiße Rose アイネ　ヴァイセ　ローゼ
2格	eines roten Apfels アイネス　ローテン　アプフェルス	einer weißen Rose アイナー　ヴァイセン　ローゼ
3格	einem roten Apfel アイネム　ローテン　アプフェル	einer weißen Rose アイナー　ヴァイセン　ローゼ
4格	einen roten Apfel アイネン　ローテン　アプフェル	eine weiße Rose アイネ　ヴァイセ　ローゼ

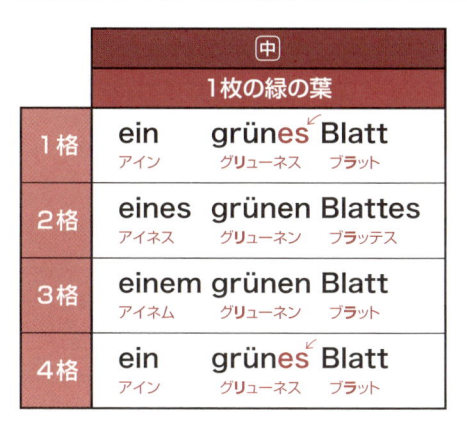

	中 1枚の緑の葉
1格	ein grün**es** Blatt アイン　グリューネス　ブラット
2格	eines grünen Blattes アイネス　グリューネン　ブラッテス
3格	einem grünen Blatt アイネム　グリューネン　ブラット
4格	ein grün**es** Blatt アイン　グリューネス　ブラット

Lektion 9 [neun]：第9課／形容詞の格変化

101

§4　形容詞の名詞化

◆形容詞は格変化はそのままで、頭字を大文字にして名詞化することができます。男性・女性・複数は〈人〉を表し、中性は〈物〉や〈事柄〉を表します。

	【男】		【女】	
	病人（男）	一人の病人	病人（女）	一人の病人
1格	der Kranke	ein -er	die Kranke	eine -e
2格	des Kranken	eines -en	der Kranken	einer -en
3格	dem Kranken	einem -en	der Kranken	einer -en
4格	den Kranken	einen -en	die Kranke	eine -e

	【複】		【中】	
	患者たち		新しいもの	
1格	die Kranken	Kranke	das Neue	etwas Neues
2格	der Kranken	Kranker	[des Neuen]	[etwas Neues]
3格	den Kranken	Kranken	dem Neuen	etwas Neuem
4格	die Kranken	Kranke	das Neue	etwas Neues

参考　よく使われる名詞化された形容詞。辞書の見出し語として次のように表記されます。[r]を付けたものが男性、[r]をとったものが女性です。

Angestellte[r]	（会社員）	Beamte[r]	（公務員）
Bekannte[r]	（知人）	Fremde[r]	（よそ者）
Gefangene[r]	（囚人）	Geliebte[r]	（恋人）
Reisende[r]	（旅行者）	Verwandte[r]	（親戚）

◆定冠詞型変化詞や、einer、alle、viele、wenige、einige、andereなど、不定数詞・不定代名詞的性質をもつ形容詞は、名詞化されても頭字を大文字にしません。

einer アイナー	（一人の人）	**alle** アッレ	（すべての人びと）
viele フィーレ	（多くの人びと）	**manche** マンヒェ	（かなりの人びと）
wenige ヴェーニゲ	（わずかな人びと）	**einige** アイニゲ	（2、3の人びと）
andere アンデレ	（その他の人びと）		*usw.*

文例

主語wirと同格（1格）

Wir lernen alle Deutsch.
ヴィーア　レルネン　アッレ　ドイッチュ

（私たちはみんなドイツ語を習っている。）

Nur einige von uns lernen Russisch.
ヌーア　アイニゲ　フォン　ウンス　レルネン　ルスィシュ

（ロシア語を習っているのは私たちのうち2、3人だけです。）

◆国名を表す形容詞が中性名詞化されると、その国語を意味します。

> das Deutsche （ドイツ語）　　das Japanische （日本語）
> ダス　　　ドイッチェ　　　　　　　　　　ダス　　　ヤパーニッシェ
>
> das Russische （ロシア語）　　　　　　　　　　　　　　*usw.*
> ダス　　　ルスィシェ

Übersetzen Sie das Deutsche ins Japanische!
ユーバーゼッツェン　ズィー　ダス　ドイッチェ　インス　ヤパーニッシェ

（そのドイツ語を日本語に訳してください。）

Deutsch-Japanisches Wörterbuch
ドイッチュ　　　ヤパーニッシェス　　　ヴェルターブーフ

（独和辞典）

§5　序数とその用法

◆《序数》は、1. から 19. までは《基数》（→186頁）に -t を、20. 以上は -st を付けます。ただし、1.、3.、7.、8. は例外です。（190頁以降参照）

1. erst エーァスト	7. sieb[en]t ズィーベント	20. zwanzigst ツヴァンツィヒスト
2. zweit ツヴァイト	8. acht アハト	21. einundzwanzigst アインウントツヴァンツィヒスト
3. dritt ドリット	10. zehnt ツェーント	99. neunundneunzigst ノインウントノインツィヒスト
4. viert フィーアト	16. sechzehnt ゼヒツェーント	100. hundertst フンダーツト
5. fünft フュンフト	19. neunzehnt ノインツェーント	101. hunderterst フンダートエーァスト

◆ 序数は形容詞の一種ですから、変化も用法も一般の形容詞と同じです。

„Faust 1.(erster) Teil" ist mir interessanter als der
„2. (zweite) Teil".

これは比較級(次課参照)の語尾

(『ファウスト第1部』は『第2部』よりも興味深い。)

Er wohnt im 3.(dritten) Stock jenes Miethauses.

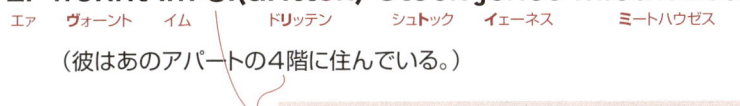

(彼はあのアパートの4階に住んでいる。)

※) ドイツでは、2階を第1の階、3階を第2の階…といいます。日本の1階は Erdgeschoß〈地上階〉といいます。

Der Wievielte ist heute?
── Heute ist der 28.(achtundzwanzigste) Juni.

(今日は何日[何番目の日]ですか？── 今日は6月28日です。)

※) 序数については190頁以降を参照のこと。

◆ 名詞を修飾する形容詞はいくつ並んでも同じ変化をします。また、形容詞間にコンマがあればそれぞれが対等に名詞を修飾し、コンマがなければ、名詞に近い形容詞が名詞と一体化する傾向があります。

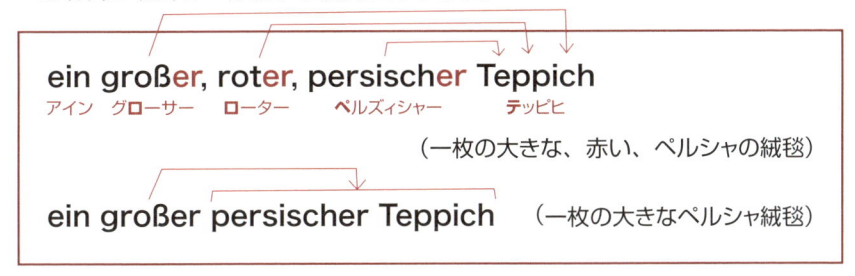

ein großer, roter, persischer Teppich

(一枚の大きな、赤い、ペルシャの絨毯)

ein großer persischer Teppich　　(一枚の大きなペルシャ絨毯)

◆ weise〈賢い〉、dunkel〈暗い〉、trocken〈乾いた〉、heiter〈明朗な〉など最後の綴りに弱音の e をもつ形容詞は、語尾変化のさいにその e が省かれることが多いです。

> **das weise Kind** （賢い子供）　　**die dunkle Nacht** （暗い夜）
> ダス　ヴァイゼ　キント　　　　　　　ディー　ドゥンクレ　ナハト
> **trock[e]nes Brot**（乾いたパン）　**ein heit[e]rer Mann**（朗らかな男）
> 　　トロックネス　　ブロート　　　　アイン　ハイトラー　　マン

◆ hoch〈高い〉は語尾が付くと c が脱落します。

> **der hohe Berg** （高い山）
> デア　ホーエ　ベルク

◆ 地名を形容詞化するときは、-er を付け、語尾変化はしません。

> **Wiener Sängerknaben** （ヴィーン少年合唱団）
> ヴィーナー　　ゼンガークナーベン
> **Berliner Philharmoniker** （ベルリーンフィルハーモニー交響楽団）
> ベルリーナー　　フィルハルモーニカー

■ 曜日 Wochentag［ヴォッヘンターク］（すべて男性名詞）

月曜	Montag	［モーンターク］
火曜	Dienstag	［ディーンスターク］
水曜	Mittwoch	［ミットヴォホ］
木曜	Donnerstag	［ドンナースターク］
金曜	Freitag	［フライターク］
土曜	Sonnabend	［ゾンアーベント］（北・中ドイツ）
	Samstag	［ザムスターク］（南ドイツ）
日曜	Sonntag	［ゾンターク］

Aufgabe (課題) 8

A 下線上に語尾を補って、和訳しなさい。

1. In unserem klein___ Garten steht ein alt___ Apfelbaum. Er trägt jedes Jahr viel___ groß___ Früchte.
2. Die alt___ Bibliothek besitzt zahlreich___, kostbar___ Bücher vor allem aus dem 17.(siebzehnt___) Jahrhundert.
3. Ein jung___ Kellner in blau___ Uniform kommt zu uns. Wir bestellen zweimal Wien___ Schnitzel mit Pommes frites, zweimal grün___ Salat und eine Flasche trocken___ Frankenwein.
4. Jogging ist jetzt bei uns sehr in Mode. Denn das ist ein gesund___ und preiswert___ Sport. Man braucht nichts als ein Sportshirt und ein Paar bequem___ Joggingschuhe.
5. Unser Professor ist trotz seines hoh___ Alters ganz rüstig. Er hält immer mit laut___ Stimme seine Vorlesungen.
6. Steht in der Zeitung etwas Neu___? — Nein, nichts Besonder___.
7. Unsere Mutter hat am 3.(dritt___) Mai den 70.(siebzigst___) Geburtstag. Wir wollen ihr etwas Einzigartig___ schenken.
8. Im 2.(zweit___) Stock gibt es einen Duty-Free-Shop. Man kann dort ausländisch___ Whisky, französisch___ Parfüm und ander___ teur___ Waren zollfrei, also sehr preiswert kaufen.
9. Der Professor der Universität Bonn, Heinrich Hertz, ist der Entdecker der elektrisch___ Wellen. Die ganz___ Entwicklung des Radios beruht auf seinen ausgezeichnet___ Forschungen.

B 独訳

1. 彼はときどき通りで一人のかわいい少女に出会います。彼女は金髪で、青い目をしています。
   (auf, Auge, blau, blond, haben, Haar, hübsch, manchmal, Straße, treffen)
2. ドイツの町ではよく新しい現代的な建物の隣に古い教会を見かけます。
   (alt, deutsch, Gebäude, Kirche, modern, neben, neu, oft, sehen, Stadt)
3. アンナは私たちの遠い親戚です。彼女は来週ある高級官僚の息子と結婚します。
   (Anna, Beamte[r], entfernt, hoch, *jn.* heiraten, nächst, Sohn, Verwandte[r], Woche)

〔解答206頁〕

Lektion 10 【zehn】
〈レクツィオーン〉　〈ツェーン〉

第10課

― 形容詞の比較、接続詞 ―

§1　形容詞の比較変化

― 英語と同じ

◆形容詞の原級に **-er** を付けて**比較級**を、**-[e]st** を付けて**最高級**をつくります。1 音節からなる形容詞のなかには、比較級・最高級でウムラウトするものが多いです。また、e が脱落するものが若干あるほか、特殊な変化をするものが6個あります。

一般形		
原級 -	比較級 -er	最高級 -[e]st
klein　クライン（小さい）	kleiner　クライナー	kleinst　クラインスト
jung　ユング（若い）	jünger　ユンガー	jüngst　ユングスト
alt　アルト（年老いた）	älter　エルター	ältest　エルテスト
weise　ヴァイゼ（賢い）	weiser　ヴァイザー	weisest　ヴァイゼスト
teuer　トイアー（高価な）	teu[e]rer　トイ[エ]ラー	teuerst　トイアースト
dunkel　ドゥンケル（暗い）	dunkler　ドゥンクラー	dunkelst　ドゥンケルスト

特殊形		
原級	比較級	最高級
groß　グロース（大きい）	größer　グレーサー	größt　グレースト
gut　グート（よい）	besser　ベッサー	best　ベスト
hoch　ホーホ（高い）	höher　ヘーアー	höchst　ヘヒスト
nah[e]　ナーエ（近い）	näher　ネーアー	nächst　ネヒスト
viel　フィール（多い）	mehr　メーア	meist　マイスト
wenig　ヴェーニヒ（少ない）	weniger　ヴェーニガー minder　ミンダー	wenigst　ヴェーニヒスト mindest　ミンデスト

（英語 more, most）

（英語 better, best）

§2 比較の用法

◆ 比較級・最高級が名詞を修飾するときは、**比較語尾**のあとにさらに**修飾語尾**が付きます。ただし mehr と weniger には 語尾が付きません。

Der Rhein ist ein längerer Fluss als die Elbe.
デア　ライン　イスト　アイン　レンゲラー　フルス　アルス　ディー　エルベ

比較語尾　　（ラインはエルベより長い川です。）　修飾語尾

Die Donau ist der längste Fluss in Westeuropa.
ディー　ドーナウ　イスト　デア　レングステ　フルス　イン　ヴェストオイローパ

（ドーナウは西ヨーロッパで一番長い川です。）

最高級には定冠詞が付く

※）川や山の名前には必ず定冠詞が付きます。性は辞書で調べてください。

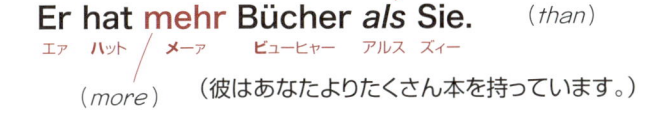

Er hat mehr Bücher als Sie.　（than）
エア　ハット　メーア　ビューヒャー　アルス　ズィー

（more）　（彼はあなたよりたくさん本を持っています。）

◆ 述語的用法では、原級と比較級はそのままですが、最高級は am -sten、または定冠詞 (der, die, das) + -ste の形になります。so〜wie は同等比較です。

Jener Wein schmeckt nicht so gut wie dieser.
イェーナー　ヴァイン　シュメックト　ニヒト　ゾー　グート　ヴィー　ディーザー

（あのワインはこのワインほどおいしくない。）

Dieser Wein schmeckt besser als jener.
ディーザー　ヴァイン　シュメックト　ベッサー　アルス　イェーナー

（このワインはあのワインよりもおいしい。）

Dieser Wein schmeckt am besten.
ディーザー　ヴァイン　シュメックト　アム　ベステン

（このワインが一番おいしい。）

Der Wein ist am besten.
デア　ヴァイン　イスト　アム　ベステン

（そのワインが一番上等です。）

最高級には定冠詞

Der Wein ist der beste unter diesen.
デア　ヴァイン　イスト　デア　ベステ　ウンター　ディーゼン

（そのワインがこれらの中で一番上等です。）

◆比較級や最高級が、特に何かと比較せずに、絶対的に用いられると、〈かなり…〉とか、〈きわめて…〉の意味になります。

Wie heißt jene ältere Dame?
ヴィー　ハイスト　イェーネ　エルテレ　ダーメ

修飾語尾

（あの中年のご婦人は何という名前ですか？）

Der Chef ist heute bester Laune.
デア　シェフ　イスト　ホイテ　ベスター　ラウネ

（社長は今日すこぶる上機嫌です。）

※）Chef [ʃɛf] はフランス語。

§3　副詞の比較変化

◆多くの形容詞は schnell（早い）、schnell（早く）のようにそのまま副詞としても使われますが、この場合最高級は am -sten の形になります。本来の副詞の中にも比較変化をするものがあります。

原級	比較級	最高級
bald（すぐに）バルト	**eher** エーアー	**am ehesten** アム　エーエステン
gern[e]（好んで）ゲルン[ネ]	**lieber** リーバー	**am liebsten** アム　リープステン
oft（しばしば）オフト	**öfter** エフター	**am öftesten** アム　エフテステン
wohl（よく）ヴォール	**besser** ベッサー	**am besten** アム　ベステン

用例

Kommen Sie bitte so schnell wie möglich!
コンメン　ズィー　ビッテ　ゾー　シュネル　ヴィー　メークリヒ

（どうか出来るだけ早く来てください。）

Ich will eher〈lieber〉sterben als das zu machen.
イヒ　ヴィル　エーアー　リーバー　シュテルベン　アルス　ダス　ツー　マッヘン

（そんなことをするくらいなら死んだ方がましです。）

Ich trinke gern Bier, lieber Wein, aber am liebsten japanischen Reiswein.

（ビールは好きです、ワインはもっと好きです、でも一番好きなのは日本酒です。）

§4　接続詞

◆接続詞（辞書の略: *conj.*, 接）には、対等の関係にある文と文や語句と語句を結びつける《並列の接続詞》と、副文を主文に結びつける役目をする《従属の接続詞》とがあります。

◆《並列の接続詞》（辞書の略: *conj.*, 接《並列》）は文の先頭にきても、定動詞の位置に影響を与えません。

aber（しかし…）	denn（なぜなら…）	
oder（あるいは…）	und（そして…）	*usw.*

Ich sammle Schmetterlinge und mein Bruder (主語) sammelt (定動詞) Käfer.

（私は蝶を集めている、そして私の弟は甲虫を集めている。）

Ich möchte schlafen, aber du (主語) musst (定動詞) tanzen.

— Storm —

（私は眠りたい、しかしきみは踊らずにはいられない。 — シュトルム —）

Sie kommt heute nicht, denn sie (主語) ist (定動詞) krank.

（彼女は今日来ません、なぜなら彼女は病気だからです。）

◆**《従属の接続詞》**（辞書の略: *conj.*, 接《従属》）に導かれる副文（従属文）では、定動詞は文末に置かれ（定動詞後置）、副文がそこで終わることを示します。また、副文が主文に先行すると、主文の定動詞は副文の直後、（また副文を受ける副詞 so, dann, da などの直後）に位置します。

---

bevor（…する前に） **bis**（…するまで） **da**（…だから）
ベフォーア　　　　　　　　ビス　　　　　　　　　ダー

damit（…するために） **dass**（…ということ） **indem**（…しながら）
ダミット　　　　　　　　ダス　　　　　　　　　　インデーム

ob（…かどうか） **obwohl**（…にもかかわらず）
オップ　　　　　　　オブヴォール

seitdem（…して以来） **sobald**（…するとすぐ） **weil**（…なので）
ザイトデーム　　　　　　　ゾーバルト　　　　　　　ヴァイル

wenn（…するときは） **wie**（…のように） *usw.*
ヴェン　　　　　　　　　　ヴィー

　　　　　　　　　　　　　┌─── 副文 ───┐
Ich weiß nicht, ob er heute zu Hause *ist*.
イヒ　ヴァイス　ニヒト　オップ　エア　ホイテ　ツー　ハウゼ　イスト
（彼が今日家にいるかどうか、私は知りません。）　　　　　定動詞後置

　　　　　　　　　　　　　　　┌─── 副文 ───┐
Sie kommt heute nicht, weil sie krank *ist*.
ズィー　コムト　ホイテ　ニヒト　ヴァイル　ズィー　クランク　イスト
（彼女は病気なので、今日は来ません。）

┌─── 副文 ───┐
Wenn es morgen *regnet*, [so] brauchen Sie nicht zu
ヴェン　エス　モルゲン　レーグネト　ゾー　ブラウヘン　ズィー　ニヒト　ツー
kommen. （もし明日雨が降れば、おいでになる必要はありません。）
コンメン

注　wenn はしばしば省略されることがあります。その場合定動詞がその位置に移動し、主文の先頭に so、または denn が置かれることが多いです。

Regnet es morgen, so〈dann〉brauchen Sie nicht zu
レーグネト　エス　モルゲン　ゾー　ダン　ブラウヘン　ズィー　ニヒト　ツー
kommen.
コンメン

§5 相関的に用いられる接続詞

◆並列の接続詞も従属の接続詞も、他の副詞や接続詞と結びついて、相関的に用いられることがあります。

(neither ... nor)

Meine Mutter trinkt weder Kaffee noch Tee.
マイネ　ムッター　トリンクト　ヴェーダー　カフェー　ノッホ　テー

（私の母はコーヒーも紅茶も飲まない。）

(so ... that)

Sie ist so müde, dass sie kaum gehen kann.
ズィー　イスト　ゾー　ミューデ　ダス　ズィー　カウム　ゲーエン　カン

（彼女はとても疲れていて、ほとんど歩けないほどです。）

Der Rhein ist nicht nur ein schöner, romantischer
デア　ライン　イスト　ニヒト　ヌーア　アイン　シェーナー　ロマンティシャー
Fluß, sondern auch eine wichtige Verkehrsader.
フルス　ゾンダーン　アウホ　アイネ　ヴィヒティゲ　フェアケーアスアーダー

（ライン川はただ美しい、ロマンチックな流れだというだけでなく、重要な交通の大動脈でもあります。）

(not only ... but also)

■方位　Himmelsrichtung　［ヒンメルスリヒトゥング］（すべて男性名詞）

北	Norden	［ノルデン］
東	Osten	［オステン］
南	Süden	［ズューデン］
西	Westen	［ヴェステン］
北東	Nordosten	［ノルトオステン］
北西	Nordwesten	［ノルトヴェステン］
南東	Südosten	［ズュートオステン］
南西	Südwesten	［ズュートヴェステン］

Lektion 10 [zehn]：第10課／形容詞の比較、接続詞

Aufgabe (課題) 9

A カッコ内の語を比較級に直して和訳しなさい。

1. Mein Bruder ist zwei Jahre (alt) als ich.
2. Das Matterhorn ist ein (hoch) Berg als die Jungfrau.
3. Je (warm) es wird, desto (gut) geht es dem Kranken.
4. Ich höre moderne Musik (gern) als klassische Musik.

B カッコ内の語を最高級に直して和訳しなさい。

1. Der Montblanc ist der (hoch) Berg in den Alpen.
2. Welches ist der (beliebt) Sport in Deutschland?
3. Welche Jahreszeit haben Sie (gern)?
4. Die (beliebt) Getränke in Deutschland sind zwar Bier und Wein, aber die (viel) Deutschen trinken zum Abendessen lieber Tee als Bier und Wein.

C カッコ内の接続詞で二つの文をつないで和訳しなさい。

1. Was machen Sie jeden Abend? / Sie gehen ins Bett. (bevor)
2. Den Namen Robert Bunsen kennt jeder Schüler. / Dieser große Chemiker ist der Erfinder des Bunsenbrenners. (denn)
3. Ich weiß es nicht. / Wohnt sie jetzt in dieser Stadt? (ob)
4. Es regnet morgen nicht. / Wir wollen einen Ausflug machen. (wenn)

D 独訳

1. うちの母は父より12歳年下です。
   (Jahr, jung, Mutter, Vater)
2. たいていの日本人は夕食のときにワインよりも日本酒を好んで飲む。
   (zum Abendessen, gernの比較級, Japaner, Reiswein, trinken, vielの最高級)
3. ザルツブルクはヨーロッパで最も美しい町のひとつです。
   (eine, Europa, Salzburg, schön, Stadt)

〔解答207頁〕

■ドイツのワイン

産地別

Rheinwein	[ラインヴァイン]	ライン河流域のワイン。褐色の瓶。
Moselwein	[モーゼルヴァイン]	モーゼル川流域のワイン。緑色の瓶。
Frankenwein	[フランケンヴァイン]	フランケン地方の辛口ワイン。丸く扁平な瓶。
Badenwein	[バーデンヴァイン]	バーデン地方のコクのあるワイン。

色別

Weißwein	[ヴァイスヴァイン]	白ワイン。ドイツのワインでは最も多い。甘口・中辛・辛口いろいろある。
Rotwein	[ロートヴァイン]	赤ワイン。ドイツワインには少ない。辛口が多い。
Roséwein	[ロゼヴァイン]	淡紅色のワイン。発泡性のものが多い。

ランク別

Tafelwein	[ターフェルヴァイン]	家庭で飲む安価なテーブルワイン。
Qualitätswein	[クヴァリテーツヴァイン]	レストランなどで飲む上質ワイン。

Qualitätswein mit Prädikat　[クヴァリテーツヴァイン　ミット　プレディカート]
高級品質格付ワイン　次の6種。

Kabinett	[カビネット]	通常収穫期の葡萄でつくられた高級ワイン。
Spätlese	[シュペートレーゼ]	遅摘みの葡萄でつくられた高級ワイン。
Auslese	[アウスレーゼ]	粒を精選した葡萄からつくられた高級ワイン。
Beerenauslese	[ベーレンアウスレーゼ]	過熟または貴腐の葡萄粒を精選してつくられた高級ワイン。
Trockenbeerenauslese	[トロッケンベーレンアウスレーゼ]	枝につけたまま乾燥するほど熟させた葡萄の粒を精選してつくった最高級貴腐ワイン。
Eiswein	[アイスヴァイン]	葡萄が凍るまで収穫を待ってつくった極上デザートワイン。

味覚

süß	[ズュース]	甘口
halbtrocken	[ハルプトロッケン]	中辛
trocken	[トロッケン]	辛口
herb	[ヘルプ]	渋味

Lektion 11 【elf】
〈レクツィオーン〉 〈エルフ〉

第11課

― 動詞の三基本形、過去時称・未来時称 ―

§1 動詞の三基本形 (→43頁 第1課参照)

◆ 不定詞・過去基本形・過去分詞を動詞の三基本形といいます。動詞はその三基本形の作り方から❶**強変化動詞**、❷**弱変化動詞**、❸**混合変化動詞**、❹**その他の特殊変化動詞**の４つに分けて覚えるのが便利です。

❶ **強変化動詞**：語幹の母音が規則的に変化する動詞

不定詞	過去基本形	過去分詞
-en	- * -	ge- * -en
trinken （飲む） トリンケン	trank トランク	getrunken ゲトルンケン
fliegen （飛ぶ） フリーゲン	flog フローク	geflogen ゲフローゲン
lesen （読む） レーゼン	las ラース	gelesen ゲレーゼン

❷ **弱変化動詞**：三基本形を通じて語幹が変化しない動詞

-[e]n	-[e]te	ge-[e]t
sagen （言う） ザーゲン	sagte ザークテ	gesagt ゲザークト
lächeln （ほほ笑む） レヒェルン	lächelte レヒェルテ	gelächelt ゲレヒェルト
arbeiten （働く） アルバイテン	arbeitete アルバイテテ	gearbeitet ゲアルバイテット

❸ **混合変化動詞と話法の助動詞**：強変化動詞のように語幹も変化し、弱変化動詞と同じ語尾変化をする動詞

-en	- * -te	ge- * -t
bringen（運ぶ） ブリンゲン	**brachte** ブラハテ	**gebracht** ゲブラハト
kennen（知っている） ケンネン	**kannte** カンテ	**gekannt** ゲカント
können（…できる） ケンネン	**konnte** コンテ	**gekonnt** ゲコント

❹ **重要な特殊変化動詞**

sein（…である） ザイン	**war** ヴァール	**gewesen** ゲヴェーゼン
haben（持つ） ハーベン	**hatte** ハッテ	**gehabt** ゲハープト
werden（…になる） ヴェーァデン	**wurde** ヴールデ	**geworden** ゲヴォルデン
gehen（行く） ゲーエン	**ging** ギング	**gegangen** ゲガンゲン
kommen（来る） コンメン	**kam** カーム	**gekommen** ゲコンメン
stehen（立っている） シュテーエン	**stand** シュタント	**gestanden** ゲシュタンデン
tun（する） トゥーン	**tat** タート	**getan** ゲターン

※〕❶、❸、❹に属するその他の動詞の変化は、本書巻末、または辞書巻末の変化表を参照すること。

◆ 過去分詞に **ge-** の付かない動詞

第1音節にアクセントのない次の動詞は過去分詞に ge- が付きません。
❶ アクセントのない前綴り be-, emp-, ent-, er-, ge-, ver-, zer- をもつ動詞。
❷ -ieren, -eien に終わる外来動詞。

besuchen（訪問する）ベズーヘン	besuchte ベズーフテ	besucht ベズーフト
gefallen（気にいる）ゲファレン	gefiel ゲフィール	gefallen ゲファレン
verbringen（過ごす）フェアブリンゲン	verbrachte フェアブラハテ	verbracht フェアブラハト
reservieren（予約する）レゼルヴィーレン	reservierte レゼルヴィールテ	reserviert レゼルヴィールト
prophezeien（予言する）プロフェツァイエン	prophezeite プロフェツァイテ	prophezeit プロフェツァイト

§2　過去人称変化

◆ 三基本形の過去基本形からつくります。1人称単数（ich）と3人称単数（er, sie, es）には過去基本形をそのまま用いますが、その他の人称には現在人称変化と同じ活用語尾を付けます。

不定詞	kommen〔強〕	sagen〔弱〕	kennen〔混〕	müssen〔助〕
過去基本形	kam（来た）	sagte（言った）	kannte（知った）	musste（ねばならなかった）
ich	kam カーム	sagte ザークテ	kannte カンテ	musste ムステ
du	kamst カームスト	sagtest ザークテスト	kanntest カンテスト	musstest ムステスト
er	kam カーム	sagte ザークテ	kannte カンテ	musste ムステ
wir	kamen カーメン	sagten ザークテン	kannten カンテン	mussten ムステン
ihr	kamt カームト	sagtet ザークテット	kanntet カンテット	musstet ムステット
sie	kamen カーメン	sagten ザークテン	kannten カンテン	mussten ムステン

◆過去時称は、主として物語や小説等で過去の事柄を現在とかかわりなく叙述する場合に用います。

Es war einmal mitten im Winter und die Schneeflocken fielen wie Federn vom Himmel herab, da saß eine Königin an einem Fenster und nähte.

（昔むかし冬のさなかのことでした。雪がふわふわと羽毛のように空から降っておりました。ひとりの女王様が窓辺にすわって縫いものをしておりました。）

◆日常会話で過去の事柄を述べるときには、ふつう次の課で扱う《現在完了》が使われますが、sein, haben, および《話法の助動詞》などは過去形が使われることも多いです。

Wo warst du gestern?

— **Gestern hatte ich starke Kopfschmerzen und konnte das Haus nicht verlassen.**

（昨日どこに［行って］いたの？ ── 昨日ひどい頭痛がして、家を出られなかったんだ。）

§3 未来時称

◆未来時称は、それぞれの動詞の不定詞に《未来の助動詞》werdenを結びつけ、主語に応じて werden を現在人称変化させてつくります。

不定詞句 morgen nach München *fahren* werden

（明日ミュンヒェンへ行くだろう）

文 Ich werde morgen nach München *fahren*.

（私は明日ミュンヒェンへ行くだろう。）

Morgen werde ich nach München *fahren*.

（明日私はミュンヒェンへ行くだろう。）

fahren werden （〈乗り物で〉行くだろう）
ファーレン　ヴェーアデン

ich werde …… fahren イヒ　ヴェーアデ　　ファーレン	wir werden …… fahren ヴィーア　ヴェーアデン　　ファーレン
du wirst …… fahren ドゥー　ヴィルスト　　ファーレン	ihr werdet …… fahren イーア　ヴェーアデト　　ファーレン
er wird …… fahren エア　ヴィルト　　ファーレン	sie werden …… fahren ズィー　ヴェーアデン　　ファーレン

◆ 未来時称は実際には《推量》、《決意》など話法的な表現に使われることが多いのです。時間的な未来は、現在で代用することができるからです。

Ich fahre morgen nach München.
イヒ　ファーレ　モルゲン　ナーハ　ミュンヒェン

（私は明日ミュンヒェンへ行きます。）　《未来を現在で代用》

Sie wird wohl krank *sein*.
ズィー　ヴィルト　ヴォール　クランク　ザイン

（彼女はおそらく病気なのだろう。）　《推量、時称は現在》

Ich werde dich sicher glücklich *machen*!
イヒ　ウェーアデ　ディヒ　ズィヒャー　グリュックリヒ　マッヘン

（君をきっと幸せにしてみせる！）　《決意》

Menü [me'ny:]（メニュー）は、ドイツ語では、
フルコース料理、定食の意味で使われ、献立表の意味はない

■ メニュー	Speisekarte	［シュパイゼカルテ］	
オードブル	Vorspeise	[**フォーア**シュパイゼ]	
Anchovis		［アンショーヴィス］	アンチョビー
Escargot		［エスカルゴ］	エスカルゴ
Essiggurke		[**エッスィヒ**グルケ]	ピクルス
Hering		［ヘーリング］	ニシン

Hummer	［フンマー］	ロブスター
Kaviar	［カーヴィア］	キャビア
Käse	［ケーゼ］	チーズ
Lachs	［ラックス］	鮭
Oliven	［オリーヴェン］	オリーブ
Radieschen	［ラディースヒェン］	ハツカ大根
Sardinen in Öl	［ザルディーネン イン エール］	オイルサーディン
Schinken	［シンケン］	ハム
Würste	［ヴュルステ］	ソーセージ（複数）

スープ Suppe ［ズッペ］

Tagessuppe	［ターゲスズッペ］	日替わりサーヴィススープ
Brühe	［ブリューエ］	ブイヨン
Fleischbrühe	［フライシュブリューエ］	肉コンソメ
Kraftbrühe	［クラフトブリューエ］	牛肉のブイヨン
Hühnerbrühe	［ヒューナーブリューエ］	チキンコンソメ
Gemüsesuppe	［ゲミューゼズッペ］	野菜スープ
Zwiebelsuppe	［ツヴィーベルズッペ］	オニオンスープ
Ochsenschwanzsuppe	［オックセンシュヴァンツズッペ］	牛の尾のスープ
Nudelsuppe	［ヌーデルズッペ］	ヌードルスープ
Gerstensuppe	［ゲルステンズッペ］	大麦スープ
Brotsuppe	［ブロートズッペ］	パン入りポタージュ
Reissuppe	［ライスズッペ］	ライス入りポタージュ
Gulaschsuppe	［グーラシュズッペ］	肉煮込みスープ

卵料理 Eiergerichte ［アイァーゲリヒテ］

Rühreier	［リュールアイァー］	いり卵
Spiegeleier	［シュピーゲルアイァー］	目玉焼き
weichgekochtes Ei	［ヴァイヒゲコホテス アイ］	半熟卵
hartgekochtes Ei	［ハルトゲコホテス アイ］	固ゆで卵
Eier mit Schinken	［アイァー ミット シンケン］	ハムエッグ
Eier mit Speck	［アイァー ミット シュペック］	ベーコンエッグ
Omelett	［オムレット］	オムレツ
Omelett mit Kräutern	［オムレット ミット クロイターン］	野菜入りオムレツ
Omelett mit Champignons	［オムレット ミット シャンピニオン］	シャンピニオン入りオムレツ
Omelett mit Spargel	［オムレット ミット シュパルゲル］	アスパラガス入りオムレツ

Aufgabe (課題) 10

A 三基本形の表を完成しなさい。

不定詞	意味	過去基本形	過去分詞
fragen	( )	_____	_____
_____	( )	_____	geantwortet
_____	( )	zweifelte	_____
trinken	( )	_____	_____
_____	( )	aß	_____
_____	( )	_____	gegeben
kennen	( )	_____	_____
_____	( )	war	_____
studieren	( )	_____	_____
_____	( )	_____	gewusst
verbringen	( )	_____	_____
_____	( )	bekam	_____
gefallen	( )	_____	_____
_____	( )	_____	gegangen
besuchen	( )	_____	_____

B カッコ内の不定詞を過去形にして、和訳しなさい。

1. Es (sein) im Dezember. Karl (bekommen) plötzlich Halsschmerzen. Die Schmerzen (werden) stärker und Karl (haben) Fieber. Jetzt (müssen) er im Bett liegen. Die Mutter (machen) ihm Umschläge, aber das Fieber (steigen). Am Abend (kommen) der Arzt und (untersuchen) den Kranken.

2. Wilhelm Konrad Röntgen (entdecken) 1895 die X-Strahlen. Diese Entdeckung (machen) es möglich, die inneren Organe des Körpers zu fotografieren. Röntgen (erhalten) 1901 zum ersten Mal den Nobelpreis für Physik.

3. Berge, See, Sturm und Sonne (sein) meine Freunde, (erzählen) mir und (erziehen) mich und (sein) mir lange Zeit lieber und bekannter als irgend Menschen und Menschenschicksale.　　— Hesse —

C 未来形の文に直して和訳しなさい。

1. In diesem Jahr haben wir vielleicht einen heißen Sommer.
2. Morgen fährt er nach Wien und besucht seinen Onkel.
3. Dieser Garten wird bald zum Parkplatz.
4. Meine Freundin kommt heute nicht, sie ist wohl krank.
5. Diesen Winter hatten wir viel Schnee und konnten mehrmals Ski fahren.　（Ski [ʃiː] シー）

D 独訳

1. その飲み屋で学生たちは一晩中飲んで歌って踊った。
 （in, Lokal, die ganze Nacht, hindurch, singen, Student, tanzen, trinken）
2. 彼女が訪ねて来たとき、彼はちょうど彼女に手紙を書いていた。
 （als, Brief, *jn.* besuchen, gerade, *jm.* schreiben）
3. この秋私たちはスイスからオーストリアを通ってイタリアへ旅行するでしょう。
 （dieser, durch, Herbst, Italien, nach, Österreich, reisen, die Schweiz, von ... aus, werden）

〔解答208頁〕

Lektion 12【zwölf】 第12課
〈レクツィオーン〉 〈ツヴェルフ〉

― 完了時称 ―

§1 完了不定詞

◆ 動詞の過去分詞に《完了の助動詞》haben または sein を添えたものを《完了不定詞》といい、完了の意味をもちます。

不定詞		完了不定詞
lesen *t.* レーゼン	（読む[こと]）→	**gelesen haben**（読みおえた[こと]）ゲレーゼン ハーベン
helfen *i.* ヘルフェン	（助ける[こと]）→	**geholfen haben**（助けた[こと]）ゲホルフェン ハーベン
kommen *i.*(s) コンメン	（来る[こと]）→	**gekommen sein**（来た[こと]）ゲコンメン ザイン
sterben *i.*(s) シュテルベン	（死ぬ[こと]）→	**gestorben sein**（死んだ[こと]）ゲシュトルベン ザイン

§2 完了の助動詞

◆ 動詞によって、完了の助動詞が haben のものと sein のものとがあり、その見分け方はおおよそ次の通りです。

> **haben** 動詞：他動詞全部と自動詞の大部分
> **sein** 動詞：① 場所の移動を表す動詞：gehen 行く、kommen 来る、fallen 落ちる *usw.*
> ② 状態の変化を表す動詞：frieren 凍る、sterben 死ぬ、werden …になる *usw.*
> ③ 例外：sein …である、bleiben とどまる、begegnen 出会う、gelingen 成功する *usw.*
> ベゲーグネン ゲリンゲン

※] 辞書で sein 動詞は kommen *i.*(s); 自(s) のように表記されます。また意味の違いによって、sein 動詞となったり haben 動詞となったりするものは、schwimmen *i.*(s,h) 自(s,h) のように表記されますので注意してください。

§3　現在完了

◆現在完了は、完了不定詞の haben または sein を、主語の人称・数に応じて現在人称変化させてつくります。

不定詞句　jetzt das Buch gelesen haben
　　　　　　イェツト　ダス　ブーフ　ゲレーゼン　ハーベン
　（今 その本を 読み 終えた）

文　Ich habe jetzt das Buch gelesen.
　　　イヒ　ハーベ　イェツト　ダス　ブーフ　ゲレーゼン

（私は今その本を読み終えたところです。）

Jetzt habe ich das Buch gelesen.
イェツト　ハーベ　イヒ　ダス　ブーフ　ゲレーゼン

（今私はその本を読み終えたところです。）

lesen *t.*（読む）　　　　　　kommen *i.*(s)（来る）

ich habe …… gelesen	ich bin …… gekommen
イヒ　ハーベ　　　ゲレーゼン	イヒ　ビン　　　　ゲコンメン
du hast …… gelesen	du bist …… gekommen
ドゥー　ハースト　　ゲレーゼン	ドゥー　ビスト　　　ゲコンメン
er hat …… gelesen	er ist …… gekommen
エア　ハット　　　ゲレーゼン	エア　イスト　　　ゲコンメン
wir haben …… gelesen	wir sind …… gekommen
ヴィーア　ハーベン　ゲレーゼン	ヴィーア　ズィント　ゲコンメン
ihr habt …… gelesen	ihr seid …… gekommen
イーア　ハープト　　ゲレーゼン	イーア　ザイト　　　ゲコンメン
sie haben …… gelesen	sie sind …… gekommen
ズィー　ハーベン　　ゲレーゼン	ズィー　ズィント　　ゲコンメン

◆現在完了は、現在における〈動作の完了〉、〈過去の経験〉、現在の立場からの〈過去の事件の報告〉等の表現に用いられます。日常会話では過去の事柄はふつう現在完了で表現されます。

Ich habe gerade einen Brief geschrieben.
イヒ　ハーベ　ゲラーデ　アイネン　ブリーフ　ゲシュリーベン

（私はちょうど手紙を書き終えました。）　《動作の完了》

Lektion 12 [zwölf]：第12課／完了時称

Ich bin in Deutschland gewesen.
イヒ　ビン　イン　　ドイッチュラント　　ゲヴェーゼン

（私はドイツに行ったことがあります。）　《過去の経験》

Mein Vater ist vor zehn Jahren gestorben.
マイン　ファーター　イスト　フォーァ　ツェーン　ヤーレン　　ゲシュトルベン

（私の父は１０年前に亡くなりました。）　《過去の事件の報告》

Gestern Abend war* ich sehr müde und bin schon
ゲスターン　アーベント　ヴァール　イヒ　ゼーァ　ミューデ　ウント　ビン　ショーン

um 9 Uhr ins Bett gegangen.
ウム　ノイン　ウーァ　インス　ベット　ゲガンゲン

（昨晩はとても疲れていて、９時にはもう床につきました。）

※〕sein, haben, 話法の助動詞などは過去形が使われることが多い。

§4　過去完了

◆過去完了は、完了不定詞の haben または sein を過去人称変化させます。

wissen *t.*（知る）

ich hatte	‥‥‥	gewusst
イヒ　ハッテ		ゲヴスト
du hattest	‥‥‥	gewusst
ドゥー　ハッテスト		ゲヴスト
er hatte	‥‥‥	gewusst
エァ　ハッテ		ゲヴスト
wir hatten	‥‥‥	gewusst
ヴィーァ　ハッテン		ゲヴスト
ihr hattet	‥‥‥	gewusst
イーァ　ハッテット		ゲヴスト
sie hatten	‥‥‥	gewusst
ズィー　ハッテン		ゲヴスト

gehen *i.*(s)（行く）

ich war	‥‥‥	gegangen
イヒ　ヴァール		ゲガンゲン
du warst	‥‥‥	gegangen
ドゥー　ヴァールスト		ゲガンゲン
er war	‥‥‥	gegangen
エァ　ヴァール		ゲガンゲン
wir waren	‥‥‥	gegangen
ヴィーァ　ヴァーレン		ゲガンゲン
ihr wart	‥‥‥	gegangen
イーァ　ヴァールト		ゲガンゲン
sie waren	‥‥‥	gegangen
ズィー　ヴァーレン		ゲガンゲン

◆過去完了は過去時称の文または過去を表す副詞とともに用いられ、ある過去の時点での完了を表します。

Nachdem ich zu Abend gegessen hatte, ging ich ins Theater.

（私は夕食をすませてから、芝居を見に行きました。）

Damals war meine Mutter schon gestorben.

（そのころ私の母はもう亡くなっていました。）

§5 未来完了

◆未来完了は、完了不定詞に《未来の助動詞》werden を結びつけ、その werden を現在人称変化させます。（現在完了を未来化すると考えてもよい。）

不定詞句 bis dahin das Buch gelesen haben werden

（そのときまでにはその本を読み終えるだろう）

文

Ich werde bis dahin das Buch gelesen haben.

（私はそのときまでにはその本を読み終えるでしょう。）

Ich habe bis dahin diese Arbeit beendet.

（私はそれまでにこの仕事をやり終えました。）　《現在完了》

Ich werde bis dahin diese Arbeit beendet haben.

（私はそれまでにこの仕事をやり終えるでしょう。）　《未来完了》

◆未来完了は未来時点での完了を表すほか、すでに完了した事柄に対する想像や推量を表すことがあります。また未来完了は形が長いため、特に副文中では、現在完了で代用されることが多いです。

Er wird jetzt schon nach Hause gegangen sein.
エア ヴィルト イェツト ショーン ナーハ ハウゼ ゲガンゲン ザイン

（彼は今頃はもう家に帰っているだろう。）

Leihen Sie mir bitte das Buch, wenn Sie es gelesen haben?
ライエン ズィー ミーア ビッテ ダス ブーフ ヴェン ズィー エス ゲレーゼン ハーベン

（読み終わったら、その本を私に貸して下さい。）

◆話法の助動詞も完了不定詞と結びついて、未来完了と同様の構文をつくることがあります。

Bis morgen kann ich das Buch gelesen haben.
ビス モルゲン カン イヒ ダス ブーフ ゲレーゼン ハーベン

（明日までに私はこの本を読み終えることができます。）

Er muss schon nach Hause gegangen sein.
エア ムス ショーン ナーハ ハウゼ ゲガンゲン ザイン

（彼はもう家へ帰ってしまったにちがいない。）

§6 過去分詞に二つの形がある動詞

◆《話法の助動詞》と lassen は、本動詞として（単独で）使われた場合は、完了時称で過去分詞の形になりますが、助動詞として（他の動詞の不定詞を伴って）使われた場合は過去分詞の形にならず、不定詞の形になります。

Ich kann das nicht.　　　　　（私はそれができません。）
イヒ カン ダス ニヒト

Ich habe das nicht gekonnt.　（私はそれができませんでした。）
イヒ ハーベ ダス ニヒト ゲコント

イヒ カン ダス ニヒト フェアゲッセン
Ich kann das nicht vergessen. （私はそれを忘れることができません。）

——gekonntにならない

Ich habe das nicht vergessen können.
イヒ ハーベ ダス ニヒト フェアゲッセン ケンネン

（私はそれを忘れることができませんでした。）

今日の夜（0時から朝までの夜と、その日の夜から0時までを表すことがある）

Ich bin sehr müde, weil ich heute Nacht kaum habe*
イヒ　ビン　ゼーア　ミューデ　ヴァイル　イヒ　ホイテ　ナハト　カウム　ハーベ
schlafen können.
シュラーフェン　ケンネン

（私は昨夜ほとんど眠れなかったのでとても疲れています。）

※）定動詞はたとえ後置される場合でも、2個並んだ不定詞の後ろに位置することはできません。

◆《感覚動詞》sehen〈見る〉、hören〈聞く〉、fühlen〈感じる〉など、他の動詞の不定詞を伴って用いられる動詞も、完了時称で過去分詞が不定詞の形をとることがあります。

Ich habe viele Vögel nach Süden fliegen sehen〈gesehen〉.
イヒ　ハーベ　フィーレ　フェーゲル　ナーハ　ズューデン　フリーゲン　ゼーエン　ゲゼーエン

（私はたくさんの小鳥が南の方へ飛んで行くのを見た。）

■野菜　Gemüse［ゲミューゼ］

Artischocke	［アルティショッケ］	アーティーチョーク
Aubergine	［オーベルジーネ］	ナス
Blumenkohl	［ブルーメンコール］	カリフラワー
Bohnen	［ボーネン］	マメ（類）
Gurke	［グルケ］	キュウリ
Karotte	［カロッテ］	ニンジン
Kartoffeln	［カルトッフェルン］	ジャガイモ
Kohl	［コール］	キャベツ
Kürbis	［キュルビス］	カボチャ
Lauch	［ラウホ］	ネギ
Pilz	［ピルツ］	キノコ（類）
Paprika	［パプリカ］	トウガラシ
Paprika	［パプリカ］	ピーマン
Rettich	［レッティヒ］	ダイコン
Salat	［ザラート］	レタス
Sellerie	［ゼルリー］	セロリ
Spargel	［シュパルゲル］	アスパラガス
Spinat	［シュピナート］	ホウレンソウ
Tomate	［トマーテ］	トマト

Aufgabe (課題) 11

A 各文を現在完了にしなさい。

1. Ich reservierte vorgestern bei Ihnen ein Zimmer.
2. Wir gingen in eine Imbissstube, tranken Bier und aßen Bratwurst.
3. Diesen Sommer verbringe ich eine Woche in Grindelwald.
4. In Passau nimmt er ein Schiff und fährt auf der Donau abwärts nach Wien.
5. Letzte Nacht konnte ich kaum schlafen, weil ich zu viel Kaffee trank.

B 下線上に完了の助動詞を入れ、カッコ内の不定詞を過去分詞に直して和訳しなさい。

1. ＿＿＿＿ Sie am Wochenende zu Hause (bleiben)? ― Nein, ich ＿＿＿＿ mit meinen Kindern einen Ausflug an den Bodensee (machen).
2. Heute ＿＿＿＿ ich sehr früh (aufstehen), ＿＿＿＿ meine Reisetasche (packen) und ＿＿＿＿ zum Flughafen (fahren).
3. Nachdem wir zu Mittag (essen) ＿＿＿＿ , ＿＿＿＿ wir noch in ein Café (gehen).
4. Er muss schon nach Hause (gehen) ＿＿＿＿. Ihm ＿＿＿＿ schlecht (werden), weil er zu viel (essen) ＿＿＿＿.
5. Letzten Monat ＿＿＿＿ wir Anna und ihren Mann in Rothenburg (besuchen). Sie ＿＿＿＿ uns die schöne alte Stadt (zeigen). Die Stadt ＿＿＿＿ uns sehr gut (gefallen), und wir ＿＿＿＿ bei Anna drei Tage (bleiben).

C 独訳

1. 昨夜よくお休みになれなかったのですか？
   ― ええ、ほとんど眠れませんでした。
   (gut, heute, nicht, kaum, können, Nacht, schlafen)
2. 去年私は何カ月も病気でした、そして長いこと働くことができませんでした。
   (arbeiten, Jahr, können, krank, lange, letzt, monatelang, nicht)
3. この小説を書き終えたら、気晴らしのためにバリ島へ行って来ようと思っています。
   (auf, Bali, Erholung, fahren, Insel, Roman, schreiben, wollen, zu)

〔解答210頁〕

ちょっと一息 ● ドイツリート - 2

Der König in Thule

Oberstimme nur Einige

Carl Friedrich Zelter, 1758-1832

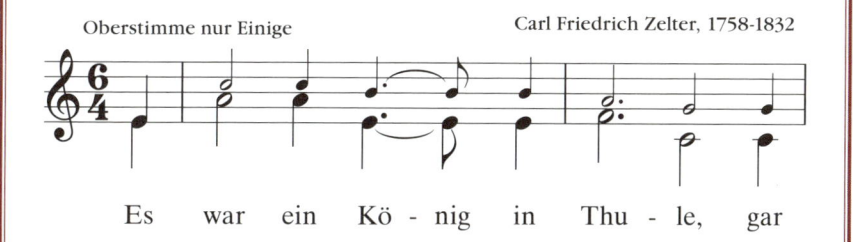

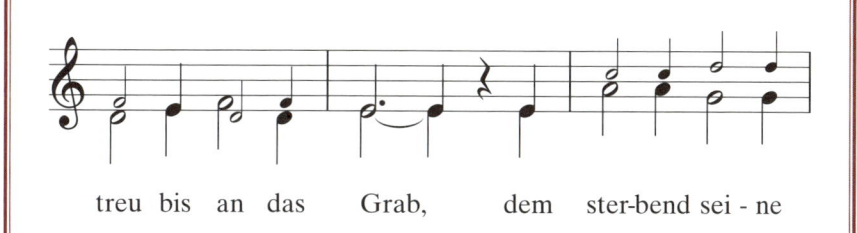

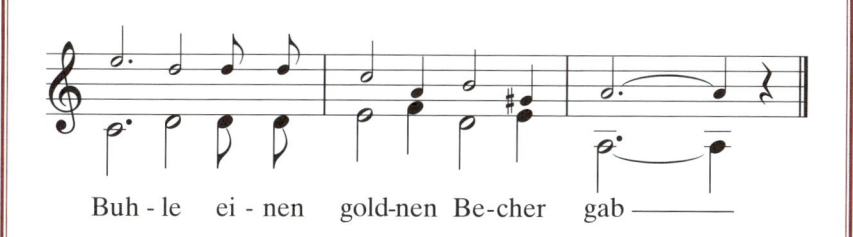

Es war ein Kö - nig in Thu - le, gar

treu bis an das Grab, dem ster-bend sei - ne

Buh - le ei - nen gold-nen Be - cher gab

Der König in Thule

1. Es war ein König in Thule
   gar treu bis an das Grab,
   dem sterbend seine Buhle
   einen goldnen Becher gab.

2. Es ging ihm nichts darüber,
   er leert' ihn jeden Schmaus;
   die Augen gingen ihm über,
   so oft er trank daraus.

3. Und als er kam zu sterben,
   zählt' er seine Städt' im Reich,
   gönnt' alles seinem Erben,
   den Becher nicht zu gleich.

4. Er saß beim Königsmahle,
   die Ritter um ihn her,
   auf hohem Vätersaale
   dort auf dem Schloß am Meer.

5. Dort stand der alte Zecher,
   trank letzte Lebensglut
   und warf den heiligen Becher
   hinunter in die Flut.

6. Er sah ihn stürzen, trinken
   und sinken tief ins Meer.
   Die Augen täten ihm sinken —
   Trank nie einen Tropfen mehr.

Johann Wolfgang von Goethe

⊱ トゥーレの王 ⊰

1. 昔、トゥーレにひとりの王がおりました。

   王は墓に入るまで誠実な人でした。

   その王に、妃が先立つときに

   ひとつの黄金の杯を与えました。

2. 王にとってそれにまさるものはなく、

   宴のたびにその杯で酒を飲みました。

   その杯を飲み干すたびに

   王の眼に涙があふれました。

3. 死ぬべきときが迫ったとき

   王は王国の所領を数えあげ、

   そのすべてを世継ぎに与えましたが、

   杯だけは与えませんでした。

4. 王は饗宴の席にすわっており、

   騎士たちが王を取り巻いていました。

   そこは海辺にそびえる城の

   高貴な由緒ある大広間でした。

5. 酒に酔った老王はそこに立ち

   最後の生命の炎を飲み干すと

   はるか下の潮の中へ

   聖なる杯を投げすてました。

6. 王は杯が落ちてゆき、水にもぐり

   海底深く沈んでゆくのを見ました。

   王の両の眼は閉ざされて――

   もうひと滴も飲むことはありませんでした。

ヨハン・ヴォルフガング・フォン・ゲーテ

Lektion 13 【dreizehn】 〈レクツィオーン〉 〈ドライツェーン〉 第13課

≪ ― 複合動詞、zu 不定詞の特殊な用法 ― ≫

§1 複合動詞の種類

◆ 前綴りをもつ複合動詞には、**分離動詞**、**不分離動詞**（非分離動詞ともいう）、**分離・不分離動詞**の三種類があります。この見分け方は次の通りです。

> ❶ **不分離動詞**：分離しない前綴り be-, emp-, ent-, er-, ge-, ver-, zer- をもつ動詞。前綴りにアクセントがない。
> ❷ **分離・不分離動詞**：分離したりしなかったりする前綴り durch-, hinter-, über-, um-, unter-, voll-, wider-, wieder- をもつ動詞。分離する場合は前綴りにアクセントがあり、分離しない場合はアクセントがない。
> ❸ **分離動詞**：上記以外の独立しうる品詞（前置詞、副詞、形容詞、名詞、動詞等）を前綴りとする動詞。前綴りにアクセントがある。

§2 分離動詞

auf|stehen（英 *get up, stand up*）、zurück|kommen（英 *come back*）などに当たる動詞です。用法が英語とかなり違うので、注意してください。

◆ 分離動詞の三基本形と zu をもつ不定詞。

不定詞	過去基本形	過去分詞	zu 不定詞
ab|reisen （旅立つ） アップライゼン	reiste ab ライステ アップ	abgereist アップゲライスト	abzureisen アップツーライゼン
auf|stehen （起きる、 アウフシュテーエン　　起立する）	stand auf シュタント アウフ	aufgestanden アウフゲシュタンデン	aufzustehen アウフツーシュテーエン
mit|bringen （持参する） ミットブリンゲン	brachte mit ブラハテ ミット	mitgebracht ミットゲブラハト	mitzubringen ミットツーブリンゲン

◆分離動詞は主文内で定動詞となるとき、前綴りと基礎動詞とが分離し、動詞の部分だけが定動詞となり、前綴りは文末に残ります。しかし、助動詞と結びつくときや、定動詞が後置される副文内では分離しません。

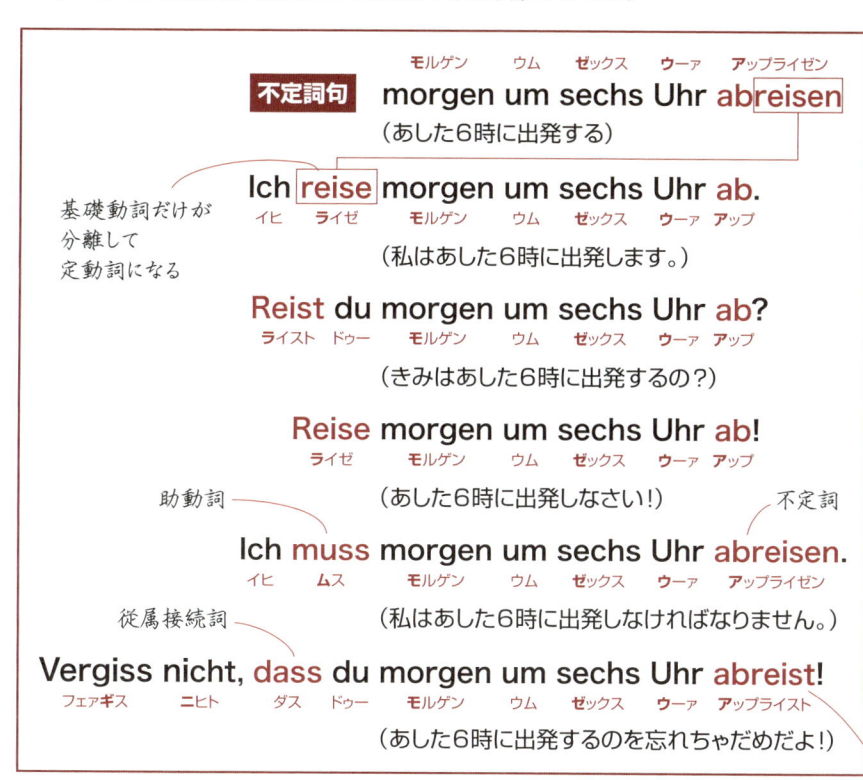

不定詞句 morgen um sechs Uhr abreisen
モルゲン　ウム　ゼックス　ウーア　アップライゼン
（あした6時に出発する）

Ich reise morgen um sechs Uhr ab.
イヒ　ライゼ　モルゲン　ウム　ゼックス　ウーア　アップ

基礎動詞だけが分離して定動詞になる

（私はあした6時に出発します。）

Reist du morgen um sechs Uhr ab?
ライスト　ドゥー　モルゲン　ウム　ゼックス　ウーア　アップ

（きみはあした6時に出発するの？）

Reise morgen um sechs Uhr ab!
ライゼ　モルゲン　ウム　ゼックス　ウーア　アップ

（あした6時に出発しなさい！）

助動詞　　　　　　　　　　　　　　　　　　　不定詞

Ich muss morgen um sechs Uhr abreisen.
イヒ　ムス　モルゲン　ウム　ゼックス　ウーア　アップライゼン

（私はあした6時に出発しなければなりません。）

従属接続詞

Vergiss nicht, dass du morgen um sechs Uhr abreist!
フェアギス　ニヒト　ダス　ドゥー　モルゲン　ウム　ゼックス　ウーア　アップライスト

（あした6時に出発するのを忘れちゃだめだよ！）

定動詞後置のため分離しない

◆分離動詞の過去分詞は、基礎動詞の過去分詞が前綴りに結合した形となります。zuをもつ不定詞も、基礎動詞のzuをもつ不定詞が前綴りに結合した形となります。

Ich reise um sechs Uhr ab.
イヒ　ライゼ　ウム　ゼックス　ウーア　アップ

（私は6時に出発します。）

Ich bin um sechs Uhr abgereist.
イヒ　ビン　ウム　ゼックス　ウーア　アップゲライスト

（私は6時に出発しました。）

Vergiss nicht, um sechs Uhr abzureisen!
フェアギス　ニヒト　ウム　ゼックス　ウーア　アップツーライゼン

（6時に出発するのを忘れちゃだめだよ！）

§3 不分離動詞（非分離動詞）

verstehen（英 *understand*）などに当たる動詞です。過去分詞に ge- が付かない点を除けば、一般動詞と変わりがありません。

◆不分離動詞の三基本形と zu をもつ不定詞。

不定詞	過去基本形	過去分詞	zu をもつ不定詞
entdecken（発見する） エントデッケン	entdeckte エントデックテ	entdeckt エントデックト	zu entdecken ツー　エントデッケン
verstehen（理解する） フェアシュテーエン	verstand フェアシュタント	verstanden フェアシュタンデン	zu verstehen ツー　フェアシュテーエン
erkennen（認識する） エアケンネン	erkannte エアカンテ	erkannt エアカント	zu erkennen ツー　エアケンネン

文例

Verstehen Sie das? — Nein, ich **verstehe** das nicht.
フェアシュテーエン　ズィー　ダス　　ナイン　イヒ　フェアシュテーエ　ダス　ニヒト

（それがおわかりですか？ — いいえ、わかりません。）

Haben Sie es **verstanden**? — Ja, habe ich.
ハーベン　ズィー　エス　フェアシュタンデン　　ヤー　ハーベ　イヒ

（それがわかりましたか？ — はい、わかりました。）

§4 分離・不分離動詞

◆分離・不分離の三基本形と zu をもつ不定詞。

不定詞	過去基本形	過去分詞	zu をもつ不定詞
über|setzen（向こうへ渡す） ユーバーゼッツェン	setzte über ゼッツテ　ユーバー	übergesetzt ユーバーゲゼッツト	überzusetzen ユーバーツーゼッツェン
übersetzen（翻訳する） ユーバーゼッツェン	übersetzte ユーバーゼッツテ	übersetzt ユーバーゼッツト	zu übersetzen ツー　ユーバーゼッツェン

◆前綴りにアクセントがあるときは、分離動詞となり、前綴りにアクセントがないときは不分離動詞となります。

― überにアクセントがある

> über|setzen *t.* （向こうへ渡す）
> ユーバーゼッツェン

Die Fähre setzt Sie an das andere Ufer über.
ディー　フェーレ　ゼッツト　ズィー　アン　ダス　アンデレ　ウーファー　ユーバー

（そのフェリーがあなたを向こう岸へ渡してくれます。）

Die Fähre hat uns an das andere Ufer übergesetzt.
ディー　フェーレ　ハット　ウンス　アン　ダス　アンデレ　ウーファー　ユーバーゲゼッツト

（そのフェリーが私たちを向こう岸へ渡してくれました。）

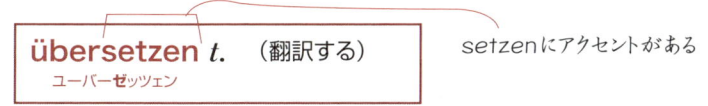

> übersetzen *t.* （翻訳する）
> ユーバーゼッツェン

setzenにアクセントがある

Übersetzen Sie das Deutsche ins Japanische!
ユーバーゼッツェン　ズィー　ダス　ドイッチェ　インス　ヤパーニッシェ

（そのドイツ語を日本語に訳してください。）

Luther hat die Bibel ins Deutsche übersetzt.
ルター　ハット　ディー　ビーベル　インス　ドイッチェ　ユーバーゼッツト

（ルターは聖書をドイツ語に翻訳しました。）

§5　zu不定詞の特殊な用法

◆zu不定詞が前置詞と結びついて、次のような意味を表します。

> ohne...zu... （…することなく）　　statt...zu... （…するかわりに）
> オーネ　　ツー　　　　　　　　　　シュタット　ツー
>
> um...zu... （…するために）
> ウム　　ツー

Mit diesem Zug können Sie in München ankommen,
ミット　ディーゼム　ツーク　ケンネン　ズィー　イン　ミュンヒェン　アンコンメン

ohne umzusteigen.
オーネ　　ウムツーシュタイゲン

（この列車でなら乗り換えなしにミュンヒェンにお着きになれます。）

Statt sie **anzu**rufen, habe ich ihr einen langen Brief
シュ**タット** ズィー アン**ツー**ルーフェン ハーベ イヒ イーア アイネン ランゲン ブリーフ

geschrieben.
ゲシュ**リ**ーベン

（私は彼女に電話をするかわりに、長い手紙を書きました。）

Sie machte das Fenster auf, **um** frische Luft
ズィー **マ**ハテ ダス **フェ**ンスター **ア**ウフ **ウ**ム フ**リ**ッシェ ル**フ**ト

herein**zu**lassen.
ヘラインツー**ラ**ッセン

（彼女は新鮮な空気を入れるために窓を開けた。）

◆ [um] zu不定詞が絶対的に使われた場合、後続文の語順に影響を与えません。

Um die Wahrheit zu sagen, ich habe meine Geldbörse
ウム **ディ**ー **ヴァ**ールハイト ツー **ザ**ーゲン イヒ ハーベ **マ**イネ **ゲ**ルトベルゼ

vergessen.
フェア**ゲ**ッセン

（実を申しますと、財布を忘れてきました。）

■ サラダ Salat ［ザ**ラ**ート］ 付け合せ Beilage ［バイ**ラ**ーゲ］

Tomatensalat	［トマーテンザ**ラ**ート］	トマトサラダ
Gurkensalat	［グ**ル**ケンザ**ラ**ート］	キュウリサラダ
Kartoffelsalat	［カル**ト**ッフェルザ**ラ**ート］	ジャガイモサラダ
Zwiebelsalat	［ツ**ヴィ**ーベルザ**ラ**ート］	オニオンサラダ
Grüner Salat	［グ**リュ**ーナー ザ**ラ**ート］	グリーンサラダ
Gemischter Salat	［ゲ**ミ**シュター ザ**ラ**ート］	ミックスサラダ
Gebratene Kartoffeln	［ゲブ**ラ**ーテネ カル**ト**ッフェルン］	いためジャガイモ
Pommes Frites	［ポム フ**リ**ット］	フライドポテト
Sauerkraut	［**ザ**ウアークラウト］	酢漬けキャベツ
Salzkartoffeln	［**ザ**ルツカル**ト**ッフェルン］	塩ゆでジャガイモ

Aufgabe (課題) 12

A 指示に従って書き改めなさい。

1. Um sechs Uhr aufstehen. （ich を主語にして現在完了の文に）
2. Der Zug nach Hamburg abfahren in einer Minute. Einsteigen Sie bitte schnell! （前を現在時称の文に、後を命令文に）
3. Wir fahren gleich heim, weil die Mutter uns schon erwartet. （現在完了に）
4. Als ich am Bahnhof ankommen, war der Zug schon abfahren. （下線の不定詞を適当な形に）
5. Beim Herausgehen hat mir mein Mann versprochen, dass er heute abend bis elf Uhr heimkommt. （副文をzuをもつ不定詞句に）

B 和訳しなさい。

1. Meine Damen und Herren! In fünf Minuten fliegen wir von Narita ab. Bitte machen Sie Ihren Sicherheitsgurt fest.
2. Als wir den steilen Berg zum Aussichtspunkt hinaufgefahren waren, konnten wir gerade noch sehen, wie die Abendsonne jenseits von den Hügeln feuerrot unterging.
3. Schon seit langem sieht man die Frankfurter Allgemeine Zeitung als die beste und repräsentativste deutsche Zeitung an.
4. Winzerfeste finden statt, um den Wein vom vorigen Jahr auszutrinken und die Fässer für die neue Ernte leerzumachen.
5. Nach dem Abendessen brachte ich eine halbe Stunde damit zu, den Garten zu gießen, und als ich naß und schmutzig wieder hereinkam, hörte ich vom Gang aus eine halb bekannte Mädchenstimme drinnen sprechen. — Hesse —

C 独訳

1. 私たちが空港に到着したときには、その飛行機はすでに飛び立っていた。
   (ab|fliegen, als, an, an|kommen, Flughafen, Flugzeug, schon)
2. お出かけのときには、鍵をフロントにお預けください。
   (ab|geben, an, bitte, Empfang, Schlüssel, wenn, aus|gehen)
3. それでは、こちらにお着きになったら、もう一度私に電話をかけてください。
   (also, an|kommen, bitte, jn. an|rufen, einmal, hier, noch, wenn)

〔解答211頁〕

Lektion 14 【vierzehn】 第14課

― 再帰動詞、非人称動詞 ―

§1 再帰代名詞

◆同一文中で主語を受ける代名詞を《再帰代名詞》といいます。

Ich liebe dich.　　《dich は主語と別人 → 人称代名詞》
（私はあなたを愛している。）

Du liebst dich.　　《dich は主語と同一人 → 再帰代名詞》
（あなたは自分を愛している。）

Er spricht von ihm.　　《ihm は主語と別人 → 人称代名詞》
（彼はその人のことを語る。）

Er spricht von sich.　　《sich は主語と同一人 → 再帰代名詞》
（彼は自分のことを語る。）

◆再帰代名詞は、1人称と親称の2人称では混同する恐れがないので人称代名詞と同じですが、3人称ではすべて sich という別形を用います。敬称の2人称 Sie の再帰代名詞も当然 sich となります。この sich は頭字を大文字にしません。

		1人称	2人称(親称)	3人称			2人称(敬称)
単	主語	ich	du	er	sie	es	Sie
	3格	mir	dir	sich	sich	sich	sich
	4格	mich	dich	sich	sich	sich	sich
複	主語	wir	ihr	sie			Sie
	3格	uns	euch	sich			sich
	4格	uns	euch	sich			sich

◆再帰代名詞3格・4格の主な用例。

Ich wasche mir die Hände.
（私は[自分の]手を洗う。） 《所有の3格》

Ich wasche mich mit kaltem Wasser.
（私は冷たい水で自分自身[顔、身体]を洗う。） 《目的語の代用》

Ich will mir eine Kamera kaufen.
（私は[自分用に]一台のカメラを買うつもりだ。） 《利害の3格》

Plötzlich öffnete sich die Tür.
（突然ドアが開かれた。） 《受動の働き》

Er hat immer eine Kamera bei sich.
（彼はいつでもカメラを携帯している。） 《熟語的に》

◆再帰代名詞（特に複数）は《相互代名詞》として〈互いに…しあう〉の意味で用いられることがあります。

Wir grüßen uns. （私たちは互いに挨拶を交わす。）

Sie lieben sich 〈einander〉. （彼らはお互いに愛し合っている。）

§2 再帰動詞

◆再帰代名詞を伴って、それと一体化する動詞を《再帰動詞》（辞書の略語：*refl.*, *rfl.*, *r*, 再 *sich*, *sich³*, *sich⁴*）といいます。

> **legen** *t.* 〈他〉 （横たえる）

Sie legt das Kind aufs Bett. （彼女はその子をベッドに横たえる。）

> **legen** *refl.* 〈*r.* 再〉 **sich** （横たわる[←自分自身を横たえる]）

Sie legt sich aufs Bett. （彼女はベッドに横たわる。）

Lektion 14 [vierzehn]：第14課／再帰動詞、非人称動詞

141

◆再帰動詞は4格の再帰代名詞を伴うものが多い。

Ich erkälte mich oft im Sommer.　風邪をひく

（私はよく夏に風邪をひきます。）

Ich freue mich auf Ihren Besuch.

（私はあなたのご来訪を楽しみにしております。）

◆3格の再帰代名詞を伴うものも若干あります。

Ich kann mir den Anblick deutlich vorstellen.

（私はその光景をまざまざと思い浮かべることができます。）

Ich erlaube mir, Ihnen einige Fragen zu stellen.

（失礼ながら2、3お尋ねいたします。）

§3　非人称の es と非人称動詞

◆regnen〈雨が降る〉、schneien〈雪が降る〉などの動詞は、人称代名詞を主語にすることができません。それで、全く意味のない es が形式上の主語となります。この es を3人称の es と区別して《非人称の es 》といいます。そしてもっぱら非人称の es を主語とする動詞を、《非人称動詞》（辞書の略語: *imp.*,《非人称》㊗）といいます。

◆自然現象を表す非人称動詞。　雨が降る（esに〈それは〉という意味はない）

Es regnet auch heute.　　　　（今日も雨が降っている。）

　　　　　　　　　　　　　　　雪が降る
Es kann heute Nacht schneien.　（今夜雪が降るかもしれない。）

◆季節・天候・日時等に関係した名詞や形容詞が、sein や werden とともに用いられて、述語となります。　意味上の主語

形式上の主語
Es ist heute sehr kalt.　（今日はとても寒い。）

Morgen ist Sonntag*.　（明日は日曜日だ。）

※）意味上の主語が文頭に出ると、形式上の主語esは省略されます。

Es wird bald Sommer. 　　　　　　　　（まもなく夏になる。）

Wie spät ist es? ― **Es ist neun Uhr.**
　　　　　　　　　　　　　（今何時ですか？ ― 9時です。）

◆人称動詞が非人称化されることがあります。動作の主体が不明の場合や、動作や現象そのものが問題とされる場合などに用いられるほか、いくつかの重要な熟語的表現があります。

Es klopft an die Tür.
　　　　　　　　（ドアをノックする音がする。）

Es brennt in der Stadt!
　　　　　　　　（町が火事だ！）

形式上の主語　　　　　　　　　　　4格（意味上の主語）

Es gibt in dieser Stadt viele Kirchen.
　　　　　　　　（この町にはたくさん教会があります。）

Was gibt es zum Mittagessen?
　　　　　　　　（昼食に何が出ますか？）

Wie geht es Ihnen? ― **Danke, es geht mir ganz gut.**
　　　　　（ご機嫌いかがですか？ ― ありがとう、まあまあです。）

Es handelt sich dabei um Geld.
　　　　　　　　（その場合問題はお金ですよ。）

Es kommt darauf an, ob er kommt oder nicht.
　　　　　　　　（問題は彼が来るかどうかだ。）

◆非人称の es が形式上の目的語になることもあります。

Ich habe es eilig. 　　　　　　　　（私は急いでいます。）

Er hat es mit ihr schwer. 　　　　（彼は彼女に手を焼いている。）

Lektion 14 [vierzehn]：第14課／再帰動詞、非人称動詞

Aufgabe (課題) 13

A 和訳しなさい。

1. Wenn zwei sich streiten, freut sich der Dritte. (*Spw.*)
2. Wie geht es Ihnen, Herr Müller? — Danke, mir geht es gut. Und Ihnen, Frau Meyer?
3. Bitte, beeilen Sie sich! Ich habe es eilig.
4. Was gibt es zum Mittagessen? — Heute gibt es Hühnerbrühe, Hamburger Steak mit Spiegelei und gemischten Salat.
5. Plötzlich bedeckte sich der Himmel mit dunklen Wolken und es fing heftig an zu regnen.
6. Für welchen Sport interessieren Sie sich? — Ich selbst spiele gerne Golf, aber ich sehe mir auch sehr gerne Baseball-Spiele an.
7. Im Badezimmer putze ich mir die Zähne, wasche mich, rasiere mich, kämme mir die Haare und ziehe mich an.
8. In Deutschland gibt es 6000 verschiedene Bierbrauereien, und in manchen Städten gibt es ein Bierlokal der „101 Bier". Dort kann man 101 verschiedene Biersorten trinken.
9. Wir saßen auf dem Balkon und unterhielten uns lange über unsere Zukunft. Inzwischen war es schon dunkel und kühl geworden, und wir mussten ins Zimmer zurück, um uns nicht zu erkälten.
10. Mein Vater gab mir vor seinem Tode den Rat, mich nicht gleich für ein Fach zu entscheiden, sondern an der Universität Vorlesungen über verschiedene Gegenstände zu hören und mich nach Ablauf eines Jahres dann zu entscheiden.   — Max Born —

B 独訳

1. 彼女は服を脱いでベッドに横になると、まもなく眠りについた。
   (*sich* aus|ziehen, bald, Bett, ein|schlafen, in, *sich* legen)
2. 今日はとても寒い。今晩雪になるかもしれない。
   (Abend, heute, kalt, können, schneien, sehr)
3. 私は建築に興味を持っています、それでこの町でたくさんの建築物を見たいのです。
   (*sich*³ *et*⁴ an|sehen, Architektur〈無冠詞で〉, dieser, Gebäude, möchte, *sich*⁴ für *et*⁴ interessieren, Stadt, verschieden)

〔解答211頁〕

■ 肉類　Fleisch　［フライシュ］

Schweinefleisch	［シュヴァイネフライシュ］	豚肉
Rindfleisch	［リントフライシュ］	牛肉
Kalbfleisch	［カルプフライシュ］	仔牛肉
Lammfleisch	［ラムフライシュ］	仔羊肉
Hammelfleisch	［ハンメルフライシュ］	羊肉
Hase	［ハーゼ］	兎肉
Wildkaninchen	［ヴィルトカニンヒェン］	野兎肉
Hirsch	［ヒルシュ］	鹿肉
Reh	［レー］	ノロ鹿肉
Huhn	［フーン］	鳥肉
Hühnchen	［ヒューンヒェン］	ひな鳥肉
Truthahn	［トゥルートハーン］	七面鳥
Ente	［エンテ］	鴨
Gans	［ガンス］	鵞鳥

■ 肉料理　Fleischgerichte　［フライシュゲリヒテ］

Eisbein	［アイスバイン］	塩ゆでの豚肉とザウァークラウト、ポテト添え
Gulasch	［グーラシュ］	辛味のあるハンガリー風肉の煮込み
Schweinshaxe	［シュヴァインスハックセ］	豚すね肉の丸焼き
Schweinebraten	［シュヴァイネブラーテン］	豚肉のロースト
Kasslerrippchen	［カスラーリップヒェン］	塩漬けの豚のアバラ肉料理
Schnitzel	［シュニッツェル］	薄切りドイツ風カツレツ
Rindersteak	［リンダーシュテーク］	牛ステーキ
Sauerbraten	［ザウァーブラーテン］	酢漬け牛肉の蒸し煮
Jägerschnitzel	［イェーガーシュニッツェル］	狩人風肉料理
Rehbraten	［レーブラーテン］	ノロ鹿の焼肉
Wiener Schnitzel	［ヴィーナー・シュニッツェル］	ヴィーン風子牛のカツレツ

Lektion 14 [vierzehn]：第14課／再帰動詞、非人称動詞

Lektion 15 【fünfzehn】 第15課

≪ — 不定・疑問・指示代名詞 — ≫

§1 不定代名詞

◆ man〈人、人々〉、einer〈人、1人〉、keiner〈1人も…ない〉、jemand〈誰か〉、niemand〈誰も…ない〉、jedermann〈誰でも〉、etwas〈ある物〉、nichts〈何ものも…ない〉など、不特定の〈人〉または〈物〉を表す代名詞を《不定代名詞》（辞書の略語：*pron.*, 代《不定》）といいます。格変化は次の通りです。（etwas と nichts は無変化）。

1格	man	[k]einer	jemand	niemand	jedermann
2格	[eines]	[k]eines	jemand[e]s	niemand[e]s	jedermanns
3格	einem	[k]einem	jemand[em]	niemand[em]	jedermann
4格	einen	[k]einen	jemand[en]	niemand[en]	jedermann

> ※〕上記の他 jeder, mancher; alles; alle, viele, wenige, einige なども不定代名詞として用いられます。（→103頁）
> 辞書では、jemandes → *js* （*j*², 人²）、jemandem → *jm* （*j*³, 人³）、jemanden → *jn* （*j*⁴, 人⁴）と略記されます。etwas は *et*³（物³）、*et*⁴（物⁴）などと略記されます。

◆ 不定代名詞の用法。

― erで受けることはできない。manはmanで受ける

Man isst, damit **man** lebt.

（人は生きるために食う。）

Keiner von ihnen hat das Examen bestanden.

（彼らの中でその試験に合格した者は誰一人いませんでした。）

Ist jemand draußen vor der Tür?

— Nein, ist da niemand.

（ドアの外に誰かいるんじゃないか？ — いいや、誰もいないよ。）

Gibt es etwas zu essen? — Nein, es gibt nichts mehr.

（何か食べる物ある？ — いいや、もう何もないよ。）

§2　疑問代名詞

wer (=*who*), was (=*what*), welcher (=*which*), was für ein (=*what kind of*) など。

◆ wer〈誰？〉と was〈何？〉の格変化と用法。was の 2 格、3 格は使われません。

1格	wer	was
2格	wessen	—
3格	wem	—
4格	wen	was

Wer ist das?　　　　　　（そこにいるのは誰ですか？）

Wessen Auto ist das?　　（それは誰の車ですか？）

Mit wem kommen Sie?　（どなたといらっしゃるんですか？）

Auf wen wartest du?　　（誰を待っているの？）

Was ist das?　　　　　　（それは何ですか？）

Wovon* sprichst du?　　（何のことを言っているの？）

Was haben Sie da?　　　　（何をお持ちですか？）
ヴァス　ハーベン　ズィー　ダー

Woran* denken Sie?　　　（何を考えていらっしゃるんですか？）
ヴォラン　　デンケン　ズィー

※） was が前置詞と共に用いられると、〈wo[r]+前置詞〉という融合形をつくります。

◆ welcher〈どの、どんな？〉は《定冠詞型変化詞》（→70頁）で、形容詞的にも名詞的にも用いられます。

Welches Flugzeug willst du nehmen?
ヴェルヒェス　フルークツオイク　ヴィルスト　ドゥー　ネーメン

　（どの飛行機にする？）

Welches willst du [nehmen]?
ヴェルヒェス　ヴィルスト　ドゥー　ネーメン

　（きみはどっちを選ぶ？）

Von welchem Gleis fährt der Zug nach Rom ab?
フォン　ヴェルヒェム　グライス　フェーアト　デア　ツーク　ナーハ　ローム　アップ

　（ローマ行きの列車は何番線から出ますか？）

◆ was für ein〈どんな種類の？〉は、形容詞的用法では ein （不定冠詞）が変化します。物質名詞や複数名詞の前では当然 ein は省かれます。名詞的用法では、ein は不定代名詞化（einer, eine, eines →73、146頁）されます。複数名詞の代わりをするときには welche が使われます。

Was für eine Blume ist das?
ヴァス　フュア　アイネ　ブルーメ　イスト　ダス

　（これはどんな種類の花ですか？）

Was haben Sie sich für einen Wagen gekauft?
ヴァス　ハーベン　ズィー　ズィヒ　フュア　アイネン　ヴァーゲン　ゲカウフト

　（どんな車をお買いになったのですか？）

Was für Wein trinken Sie am liebsten?
ヴァス　フュア　ヴァイン　トリンケン　ズィー　アム　リープステン

　（どんなワインが一番お好きですか？）

Da fliegt ein schöner Vogel! — Was für einer ist das?

（あそこにきれいな小鳥が一羽飛んでいる! — それはどんな [小鳥]？）

Da fliegen viele Vögel! — Was für welche sind das?

（あそこにたくさんの小鳥が飛んでいる! — それはどんな [小鳥]？）

◆ 疑問代名詞はいずれも感嘆文をつくります。感嘆文では定動詞が後置されることが多いです。

Welch ein schönes Wetter heute ist!

（今日はなんて素晴らしい天気なんでしょう!）

Was für ein schönes Wetter heute ist!

（今日はなんという素晴らしい天気なんだ!）

§3　疑問詞の接続詞的機能

◆ 疑問代名詞、および疑問副詞 wann〈いつ?〉、warum〈なぜ?〉、wie〈どのように?〉、wo〈どこ?〉などは従属の接続詞と同様の機能をもち、間接疑問文を導くことがあります。

Ich weiß nicht, wo sie *wohnt*.

（私は彼女がどこに住んでいるのか知りません。）

Ich weiß nicht, warum er so etwas getan *hat*.

（彼が何故そんなことをしたのか私は知りません。）

　　　　　　 ┌──── 認容文 ────┐　　　　主語　　定動詞
Was er auch sagen *mag*, niemand glaubt ihm mehr.

（彼が何を言おうと、もう誰も彼を信じない。）

※）《認容文》（上例のように auch や mögen が添えられる形のものが多い）が主文に先行しても、主文の語順には影響を与えません。

Lektion 15 [fünfzehn]：第15課／不定・疑問・指示代名詞

§4　指示代名詞

◆指示代名詞には、すでに説明した《定冠詞型変化詞》dieser, jener, solcher（→ 70頁）のほかに der, derjenige, derselbe などがあります。

◆指示代名詞 der が〈その…、あの…〉の意味で付加語的に使われるときは、定冠詞と全く同じ変化をしますが、定冠詞よりも指示力が強く、アクセントをもちます。定冠詞と区別するために字間を空けて印刷することがあります。

D e r Mann ist Herr Meyer, der Bürgermeister dieser Stadt!
デーア　マン　イスト　ヘル　マイヤー　デア　ビュルガーマイスター　ディーザー　シュタット

（あの人がこの市の市長のマイヤーさんですよ！）

◆der が名詞的に用いられる場合の格変化と用法。

	男	女	中	複
1格	der デーア	die ディー	das ダス	die ディー
2格	dessen デッセン	deren デーレン	dessen デッセン	deren/derer デーレン／デーラー
3格	dem デーム	der デーア	dem デーム	denen デーネン
4格	den デーン	die ディー	das ダス	die ディー

※〕複数2格のdererは、関係代名詞（154頁）の先行詞となり、「人びとの」の意味で用いられます。

Es war einmal ein König. Der hatte eine schöne, aber sehr stolze Tochter.
エス　ヴァール　アインマール　アイン　ケーニヒ　デーア　ハッテ　アイネ　シェーネ　アーバー　ゼーア　シュトルツェ　トホター

（昔むかしひとりの王様がありました。その王様にはひとりの美しいけれどもとても高慢な娘がありました。）

Sie hat eine Schwester. Die ist größer als sie.
ズィー　ハット　アイネ　シュヴェスター　ディー　イスト　グレーサー　アルス　ズィー

（彼女は一人の妹をもっている。その妹は彼女よりも背が高い。）

Ich fahre mit meinem Freund und dessen Freundin
イヒ　ファーレ　ミット　マイネム　フロイント　ウント　デッセン　フロインディン
nach Salzburg.
ナーハ　ザルツブルク

（私は私の友人とその恋人と一緒にザルツブルクへ行きます。）

Sein Haar ist braun, aber das seiner Schwester ist blond.
ザイン　ハール　イスト　ブラウン　アーバー　ダス　ザイナー　シュヴェスター　イスト　ブロント

（彼の髪は茶色だが、彼の妹の髪はブロンドだ。）

◆ derjenige〈その、その人、それ〉と derselbe〈同じ、同じ人、同じもの〉は、der- の部分が定冠詞の変化をし、-jenige, -selbe の部分が形容詞の変化（弱語尾）をします。derjenige の方は、必ずそのあとに2格の規定語や関係文（155頁）などを伴って用いられます。

	男	女	中	複
1格	derselbe デーアゼルベ	dieselbe ディーゼルベ	dasselbe ダスゼルベ	dieselben ディーゼルベン
2格	desselben デスゼルベン	derselben デーアゼルベン	desselben デスゼルベン	derselben デーアゼルベン
3格	demselben デームゼルベン	derselben デーアゼルベン	demselben デームゼルベン	denselben デーンゼルベン
4格	denselben デーンゼルベン	dieselbe ディーゼルベ	dasselbe ダスゼルベ	dieselben ディーゼルベン

Sein Haar ist braun, aber dasjenige seiner Schwester
ザイン　ハール　イスト　ブラウン　アーバー　ダスイェーニゲ　ザイナー　シュヴェスター
ist blond.
イスト　ブロント

日常会話ではあまり使わない

（彼の髪は茶色だが、彼の妹の髪はブロンドだ。）

Der Alte sagt immer wieder nur dasselbe.
デア　アルテ　ザークト　インマー　ヴィーダー　ヌーア　ダスゼルベ

（その老人は何度も何度も同じことばかり言っている。）

Er arbeitet in derselben Firma wie mein Vater.
エア　アルバイテト　イン　デーアゼルベン　フィルマ　ヴィー　マイン　ファーター

（彼は私の父と同じ会社で働いている。）

Aufgabe (課題) 14

A 和訳しなさい。

1. Jedermanns Freund ist niemandes Freund. (*Spw.*)
2. Das ist ein guter Freund von mir. Den kenne ich von meiner Kindheit an.
3. Was die Welt auch sagen mag, das ist wahr.
4. Mit wem sie auch verkehren mag, es ist mir gleichgültig. Ich habe mit ihr nichts mehr zu tun.
5. Ich habe gehört, dass du wieder in Paris warst. Bist du allein oder mit jemandem zusammen gefahren? Hast du Hans und dessen Schwester mitgenommen?
6. Welch ein schöner Wagen das ist! Sagen Sie mir bitte, wieviel der kostet! Ich möchte denselben kaufen.
7. Was für Musik hören Sie am liebsten? — Ich höre am liebsten klassische Musik. Jetzt schwärme ich für Anton Bruckner.
8. Er geht jedes Jahr mit seiner Tante und deren Tochter zu den Salzburger Festspielen.
9. Was für einen herrlichen Tag wir verbracht hatten! Jener Tag war einer der schönsten in meinem Leben.
10. Eine Erfindung von großer kultureller Bedeutung war die der Buchdruckkunst von Johannes Gutenberg.

B 独訳

1. きみはそれをもう誰かに言ってしまったのか？ — いいや、まだきみ以外には誰にも言ってないよ。

    (außer, das, es, noch, schon, sagen)

2. どんな本を一番よくお読みになりますか？
    — 推理小説です。私はガードナーのファンです。

    (Buch, lesen, Kriminalroman, für *jn.* schwärmen, Gardner, gernの最高級)

3. 化学は物質の性質とその（物質の）変化に関する学問である。

    (Chemie, Eigenschaft, Lehre, Stoff, Umwandlung, von)

〔解答212頁〕

■ 飲み物　Getränke　［ゲトレンケ］

Kaffee	［**カ**フェ、**カ**フェー］	コーヒー
Espresso	［エス**プ**レッソ］	エスプレッソ
Milchkaffee	［**ミ**ルヒカフェー］	ミルクコーヒー
Tee	［**テ**ー］	紅茶
Tee mit Milch	［**テ**ー　ミット　**ミ**ルヒ］	ミルクティー
Tee mit Zitrone	［**テ**ー　ミット　ツィト**ロ**ーネ］	レモンティー
Kakao	［カ**カ**ーオ］	ココア
Schokolade	［ショコ**ラ**ーデ］	チョコレート
Cola	［**コ**ーラ］	コーラ
Fanta	［**フ**ァンタ］	ファンタ
Orangensaft	［オ**ラ**ンジェンザフト］	オレンジジュース
Zitronensaft	［ツィト**ロ**ーネンザフト］	レモンジュース
Apfelsaft	［**ア**プフェルザフト］	リンゴジュース
Limonade	［リモ**ナ**ーデ］	レモネード
Mineralwasser	［ミネ**ラ**ールヴァッサー］	ミネラルウォーター
Eiswasser	［**ア**イスヴァッサー］	氷の入った水
Bier	［**ビ**ーァ］	ビール
Wein	［**ヴ**ァイン］	ワイン
Weißwein	［**ヴ**ァイスヴァイン］	白ワイン
Rotwein	［**ロ**ートヴァイン］	赤ワイン
Roséwein	［ロ**ゼ**ヴァイン］	ロゼワイン
Rheinwein	［**ラ**インヴァイン］	ラインワイン
Moselwein	［**モ**ーゼルヴァイン］	モーゼルワイン
Frankenwein	［**フ**ランケンヴァイン］	フランケンワイン
Sekt	［**ゼ**クト］	スパークリングワイン
Kognak	［**コ**ニャック］	コニャック
Likör	［リ**ケ**ール］	リキュール
Whisky*	［**ヴ**ィスキー］	ヴィスキー、ウィスキー

※］Whiskyは銘柄で注文するのが普通。

Lektion 15 [fünfzehn]：第15課／不定・疑問・指示代名詞

15

153

Lektion 16 【sechzehn】 第16課
〈レクツィオーン〉　〈ゼヒツェーン〉

― 関係代名詞、関係副詞 ―

§1　定関係代名詞

◆定関係代名詞 der と welcher の格変化。

	男	女	中	複
1格	der デーア	die ディー	das ダス	die ディー
2格	dessen デッセン	deren デーレン	dessen デッセン	deren デーレン
3格	dem デーム	der デーア	dem デーム	denen デーネン
4格	den デーン	die ディー	das ダス	die ディー

	男	女	中	複
1格	welcher ヴェルヒャー	welche ヴェルヒェ	welches ヴェルヒェス	welche ヴェルヒェ
2格	なし	なし	なし	なし
3格	welchem ヴェルヒェム	welcher ヴェルヒャー	welchem ヴェルヒェム	welchen ヴェルヒェン
4格	welchen ヴェルヒェン	welche ヴェルヒェ	welches ヴェルヒェス	welche ヴェルヒェ

※) der は《指示代名詞》の der（150頁）と同変化。welcher は《疑問代名詞》の welcher（定冠詞型変化詞70頁）と同変化ですが2格がありません。welcher はいわば《文章語》で、日常会話ではほとんど使われません。用法は der と同じです。

◆定関係代名詞の用法
①性と数は先行詞と一致する。
②格は先行詞とは関係なく、関係文中での役割によって決まる。
③関係文は副文の一種なので、定動詞は後置される。（指示代名詞との相違点）
④関係文と主文との境目はかならずコンマで区切られる。

Kennen Sie *jenen Mann*, der dort *sitzt*?
ケンネン　ズィー　イェーネン　マン　デーア　ドルト　ズィッツト

〈その男性が〔1格〕あそこにすわっている〉

（あそこにすわっているあの男性をご存じですか？）

Kennen Sie *jenen Mann*, dessen Frau aus Paris *ist*?
ケンネン　ズィー　イェーネン　マン　デッセン　フラウ　アウス　パリース　イスト

〈その男性の〔2格〕奥さんはパリ出身である〉

（奥さんがパリ出身のあの男性をご存じですか？）

Kennen Sie *jenen Mann*, dem sie jetzt *hilft*?
ケンネン　ズィー　イェーネン　マン　デーム　ズィー　イェツト　ヒルフト

〈その男性に〔3格〕彼女が手伝っている〉

（彼女が今手伝っているあの男性をご存じですか？）

Kennen Sie *jenen Mann*, den sie *liebt*?
ケンネン　ズィー　イェーネン　マン　デーン　ズィー　リープト

〈その男性を〔4格〕彼女が愛している〉

（彼女が愛しているあの男性をご存じですか？）

Kennen Sie *jenen Mann*, mit dem sie jetzt *tanzt*?
ケンネン　ズィー　イェーネン　マン　ミット　デーム　ズィー　イェツト　タンツト

〈その男性と〔3格〕彼女が今踊っている〉

（彼女が今一緒に踊っているあの男性をご存じですか？）

Das Klima des Landes, in *welchem* (= in dem) ein
ダス　クリーマ　デス　ランデス　イン　ヴェルヒェム　　　　　イン　デーム　アイン

Mensch *wohnt*, übt auf sein Leben und seine Kultur
メンシュ　ヴォーント　ユープト　アウフ　ザイン　レーベン　ウント　ザイネ　クルトゥーア

einen großen Einfluss aus.
アイネン　グローセン　アインフルス　アウス

（人間が住んでいる土地の気候は、人間の生活や人間の文化に大きな影響を及ぼす。）

§2　不定関係代名詞 wer と was

◆wer は不特定の〈人〉を、was は不特定の〈事物〉を表します。格変化は《疑問代名詞》の wer, was（→147頁）と同じです。

◆不定関係代名詞は、それ自身が先行詞の役割も兼ね、wer は〈…の人〉の意味で、was は〈…のもの〉の意味で用いられます。また、後続する主文の先頭には指示代名詞が置かれて、関係文と主文との関係を明確にします。

Wer nicht *arbeitet*, [*der**] soll nicht essen. *(Spw.)*
ヴェーア　ニヒト　アルバイテット　デーア　ゾル　ニヒト　エッセン

（働かざる者食うべからず。〈諺〉）

Wessen Augen klar *sind*, *dessen* Herz ist auch rein.
ヴェッセン　アウゲン　クラール　ズィント　デッセン　ヘルツ　イスト　アウホ　ライン

（目の澄んでいる人は心も清らかだ。）

Wen die einen *lieben*, [*den**] hassen die anderen.
ヴェーン　ディー　アイネン　リーベン　デーン　ハッセン　ディー　アンデレン

（一方の人々に愛される人は他方の人々に憎まれる。）

Was du heute *kannst** besorgen,
ヴァス　ドゥー　ホイテ　カンスト　ベゾルゲン

das verschiebe nicht auf morgen! *(Spw.)*
ダス　フェアシーベ　ニヒト　アウフ　モルゲン

（今日できることは明日に延ばすな！〈諺〉）

> ※）besorgenとmorgenの脚韻を合わせるために、kannstがbesorgenの前に置かれています。

Erzählen Sie mir, **was** Sie von ihr gehört *haben*!
エアツェーレン　ズィー　ミーア　ヴァス　ズィー　フォン　イーア　ゲヘールト　ハーベン

（彼女から何をお聞きになったかを私に話してください！）

> ※）関係代名詞と指示代名詞がともに1格か4格の場合、上記文例の[　]内の指示代名詞は省略してもよい。

◆ was は、das〈それ〉、etwas〈なにか〉、nichts〈なにも…ない〉、alles〈すべて〉など不特定の意味をもつ中性の代名詞や、das Schöne〈美しいもの〉、das Beste〈最もよいもの〉など中性名詞化された形容詞を先行詞にしたり、文章の一部または全体を受けたりすることがあります。

Das ist *alles*, was ich weiß.
ダス　イスト　アッレス　ヴァス　イヒ　ヴァイス

（それが私の知っているすべてです。）

Das ist *das Beste*, was Sie getan haben.
ダス　イスト　ダス　ベステ　ヴァス　ズィー　ゲターン　ハーベン

（それはあなたがなさった最善のことです。）

Er kann drei Fremdsprachen sprechen, was sehr
エア　カン　ドライ　フレムトシュプラヘン　シュプレヒェン　ヴァス　ゼーア

beneidenswert ist.
ベナイデンスヴェーアト　イスト

（彼は三つの外国語を話せるが、それはとても羨ましいことだ。）

§3　関係代名詞と前置詞の融合

◆〈事物〉を受ける関係代名詞が前置詞とともに用いられるとき、〈wo[r]+前置詞〉という融合形《関係副詞》を用いることがあります。

Das ist das Hotel, wovon 〈von dem〉 ich Ihnen
ダス　イスト　ダス　ホテル　ヴォフォン　フォン　デーム　イヒ　イーネン

erzählt habe.
エアツェールト　ハーベ

（これがあなたにお話ししたホテルです。）

Die Pension, worin 〈in der〉 ich jetzt wohne, ist sehr
ディー　パンズィオーン　ヴォリン　イン　デーア　イヒ　イェツト　ヴォーネ　イスト　ゼーア

angenehm.
アンゲネーム

（今泊まっているペンションは実に快適です。）

※）Pension [pãzi'oːn]「パンズィオーン」*f.* -/-en はフランス語。食事つき簡易ホテル。

◆ was が前置詞とともに用いられるときは、必ず〈wo[r]＋前置詞〉を用います。

Sie wissen sicher *etwas* [*Neues*], wovon wir noch nichts wissen? （あなたはきっと、まだ私たちが知らないニュースをご存じなのですね?）

Sie haben mir mehrmals geholfen, wofür ich Ihnen nicht genug danken *kann*.　nicht は直後の語 genug を否定する

（あなたは何度も私を助けてくださいました、そのことではいくらお礼申し上げてもたりないくらいです。）

§4　関係副詞

◆ 関係副詞には、〈wo[r]＋前置詞〉のほかに、〈場所〉を表す wo, woher, wohin;〈時〉を表す wo, als, wenn;〈方法・理由〉を表す wie, warum などがあります。

Empfehlen Sie mir *ein Restaurant*, wo man gut essen *kann*!　（おいしいものを食べられるレストランを教えてください。）

※〕Restaurant [rɛsto'rã] *n.* –s/-s はフランス語。

Wo ein Wille *ist*, da ist auch ein Weg. *(Spw.)*

（意志あるところに道はひらける。〈諺〉）

Du magst gehen, wohin du *willst*!

（どこへなりと好きな所へ行くがいい!）

Erinnern Sie sich an *den Tag*, wo wir uns das erste Mal begegnet sind?　（私たちが初めて会った日を覚えていますか?）

Das ist *der Grund*, warum sie nicht gekommen *ist*.

（彼女が来なかった理由はそれです。）

Aufgabe (課題) 15

A カッコ内に関係代名詞または関係副詞を補って和訳しなさい。

1. Nur Schüler, (　　) das Abitur bestehen, können auf die Universität gehen.
2. Die Studendin, (　　) Eltern in Rüdesheim wohnen, hat mir drei Flaschen guten Wein geschenkt.
3. Er besuchte den Biergarten, (　　) er vor Jahren so viele frohe Stunden verbracht hatte.
4. Zeigen Sie mir bitte den Fotoapparat, (　　) Sie im Schaufenster haben!
5. Nur (　　) die Sehnsucht kennt, weiß, (　　) ich leide. — Goethe—
6. Das ist jener berühmte Fels, auf (　　) der Sage nach die Lorelei saß und ihr goldenes Haar kämmte.
7. Besonders schön ist der See abends, (　　) die unzähligen Lichter der Stadt auf dem Wasser funkeln.
8. Jeder, (　　) Bonn besucht, ob er nun Musik liebt oder nicht, muss an den großen Tonkünstler denken, (　　) hier geboren wurde: Beethoven.
9. Unser Sohn ist krank. Das ist der Grund, (　　) wir dieses Jahr keine Silvesterparty machen.
10. Albert Einstein ist der bedeutende Physiker und Mathematiker, (　　) unser ganzes wissenschaftliches Denken durch seine Relativitätstheorie verändert hat.

B 独訳

1. ヘルマン・フォン・ヘルムホルツは、エネルギー不滅〈保存〉の法則を証明した著名な物理学者です。
   (bedeutend, Energie, Erhaltung, erweisen, Gesetz, Hermann von Helmholtz, Physiker, von)

2. ヘルマン・フォン・ヘルムホルツはまた、それを使えば手術せずに目の裏側を観察することのできる検眼鏡の発明家でもあります。
   (auch, Auge, Augenspiegel, beobachten, durch〈mit〉, Erfinder, Hintergrund, können, man, ohne, Operation)

3. ドイツの子供たちが最も待ちこがれているお祭りは、もちろんクリスマスである。
   (deutsch, Fest, sich auf et[4] freuen, Kind, natürlich, Weihnachten 無冠詞で、vielの最高級)

〔解答213頁〕

Lektion 17 【siebzehn】 第17課

― 受動態、分詞の用法 ―

§1　受動態のつくり方

◆受動態は、動詞の過去分詞に《受動の助動詞》werden（変化60頁）を組み合わせてつくります。

能動不定詞　schreiben（書く）

→ **受動不定詞**　geschrieben werden（書かれる）

能動文　Er schreibt den Brief.（彼はその手紙を書く。）

→ **受動文**　Der Brief wird von ihm geschrieben.

（その手紙は彼によって書かれる。）

◆受動態の時称は次の通りです。

現　在　Der Brief wird von ihm geschrieben.

（その手紙は彼によって書かれる。）

過　去　Der Brief wurde von ihm geschrieben.

（その手紙は彼によって書かれた。）

未　来　Der Brief wird von ihm geschrieben werden.

（その手紙は彼によって書かれるだろう。）

160

現在完了 Der Brief ist von ihm geschrieben worden*.

（その手紙は彼によって書かれました。）

過去完了 Der Brief war von ihm geschrieben worden*.

（その手紙は彼によって書かれていた。）

未来完了 Der Brief wird von ihm geschrieben worden* sein.

（その手紙は彼によって書かれているだろう。）

> **注**
> werden の過去分詞は geworden ですが、《受動の助動詞》のときにかぎって過去分詞は ge- が省かれて worden となります。
>
> **Er ist krank geworden.** 「彼は病気になってしまいました。」
> **Er ist operiert worden.** 「彼は手術を受けました。」

§2　態の変換 ── 能動文を受動文に ──

◆能動文を受動文に変えるには、次の順序で行います。
①能動文中の4格目的語を受動文の主語〈1格〉にする。
②能動文の動詞を時称を変えずに受動態にする。
③能動文の主語が受動文でも必要な場合は〈von + 3格〉（または〈durch + 4格〉）にする。
④能動文中の上記以外の部分（2格目的語・3格目的語・前置詞付き目的語、副詞など）はそのまま受動文に移行する。

[例]　　　　　　　（マルティーン・ルターが聖書をドイツ語に翻訳した。）

Martin Luther übersetzte die Bibel ins Deutsche.

Die Bibel wurde von Martin Luther ins Deutsche übersetzt.

（聖書がマルティーン・ルターによってドイツ語に翻訳された。）

その日の0時から朝までを指す

Heute Nacht hat der Taifun viele Häuser zerstört.

（今暁その台風が多くの家屋を破壊しました。）

Heute Nacht sind viele Häuser durch* den Taifun zerstört worden.

（今暁多くの家屋がその台風によって破壊されました。）

※〕地震、台風など意志をもたない行為者には普通〈durch + 4格〉を用います。

Man* nennt die Siebte Symphonie „Die Unvollendete".

（人はその第七交響曲を『未完成』と呼んでいる。）

Die Siebte Symphonie wird „Die Unvollendete" genannt.

（その第七交響曲は『未完成』と呼ばれている。）

※〕manは受動文では必ず省かれます。また能動文中に2個の4格目的語があり、それが同じものであれば、受動文ではともに1格となります。

Man muss den alten Dom restaurieren.
マン ムス デン アルテン ドーム レスタウリーレン

（人はその古い大寺院を修復しなければならない。）

Der alte Dom muss restauriert werden.
デア アルテ ドーム ムス レスタウリールト ヴェーアデン

（その古い大寺院は修復されねばならない。）

§3　自動詞の受動

◆自動詞による能動文には4格目的語がないため、《形式上の主語》の es を文頭に置いて受動文をつくります。ただしこの es は、他の文成分が文頭にくると消滅します。

Niemand glaubt ihm mehr.
ニーマント グラウプト イーム メーア

（もう彼を信用する人は誰もいない。）

Es wird ihm von niemandem mehr geglaubt.
エス ヴィルト イーム フォン ニーマンデム メーア ゲグラウプト

（彼はもう誰からも信用されない。）

Bei uns in Japan verreist man heute viel.
バイ ウンス イン ヤーパン フェアライスト マン ホイテ フィール

（わが国日本では今日旅行が盛んです。）

Bei uns in Japan wird heute viel verreist.
バイ ウンス イン ヤーパン ヴィルト ホイテ フィール フェアライスト

（わが国日本では今日盛んに旅行が行われています。）

　形式上の主語esが省略された、
　主語のない文

§4 状態の受動

◆ 他動詞の過去分詞が sein と結びつくと、〈…されている〉という動作の行われた後の状態を表します。これを、〈過去分詞 + werden〉の《動作の受動》に対して、《状態の受動》といいます。

Das Kaufhaus wird um 10 Uhr geöffnet und um 18 Uhr geschlossen.

(そのデパートは10時に開かれ、18時に閉められます。)

Das Kaufhaus ist von 10 bis 18 Uhr geöffnet.

(そのデパートは10時から18時まで開いて[開かれて]います。)

§5 その他の受動表現

◆ 再帰動詞、lassen、〈sein + zu 不定詞〉などが受動を表します。

Die Geschichte wiederholt sich.

(歴史はくり返される。)

Ein alter Baum lässt sich schwer verpflanzen.

(老木は移植されにくい。)

Ein alter Baum ist schwer zu verpflanzen. *(Spw.)*

(老木は移植されにくい。〈諺〉)

§6 分詞の用法

◆分詞には現在分詞と過去分詞があります。現在分詞は〈語幹 + [e]nd〉の形です。（tunとseinのみ -end、その他は不定詞 + -dと考えてよい）。

不定詞	reisen ライゼン	kommen コンメン	lächeln レヒェルン	tun トゥーン	sein ザイン
現在分詞	reisend ライゼント	kommend コンメント	lächelnd レヒェルント	tuend トゥエント	seiend ザイエント
過去分詞	gereist ゲライスト	gekommen ゲコンメン	gelächelt ゲレヒェルト	getan ゲターン	gewesen ゲヴェーゼン

◆現在分詞は〈…しつつある〉、〈…している〉の意味で、一般の形容詞と同様に用いられます。また〈…しながら〉の意味で副詞としても用いられます。

Das Gesicht des schlafenden Kindes ist sehr ruhig.
ダス ゲズィヒト デス シュラーフェンデン キンデス イスト ゼーア ルーイヒ

（眠っている子供の顔はとてもおだやかだ。）

Der Reisende grüßte uns lächelnd.
デア ライゼンデ グリューステ ウンス レヒェルント

（その旅行者はにこにこしながら私たちに挨拶をした。）

Menschenの定冠詞

Er sah sich die vor dem Fenster vorübergehenden Menschen an.
エア ザー ズィヒ ディー フォーア デム フェンスター フォリューバーゲーエンデン メンシェン アン

形容詞句

（彼は窓の外を通り過ぎて行く人たちをじっと見ていた。）

Alte Lieder singend, machten wir uns auf den Heimweg.
アルテ リーダー ズィンゲント マハテン ヴィーア ウンス アウフ デン ハイムヴェーク

（懐かしい歌をうたいながら私たちは家路についた。）

分詞句（英語の分詞構文）

◆過去分詞は〈…された〉《他動詞→受動・完了》、〈…した〉《自動詞→完了》の意味で、一般の形容詞と同様に用いられます。また〈…されて〉、〈…して〉の意味で副詞としても用いられます。

Verbotene Früchte schmecken am besten. *(Spw.)*
フェアボーテネ　フリュヒテ　シュメッケン　アム　ベステン

（禁断の（禁じられた）木の実は最高においしい。〈諺〉）

Die **vergangene** Jugend kommt nie wieder zurück.
ディー　フェアガンゲネ　ユーゲント　コムト　ニー　ヴィーダー　ツリュック

（過ぎ去った青春時代は二度と帰ってこない。）

Domの定冠詞　　　　　　　　　　　　　　　　　形容詞句
Der **während des Krieges zerstörte** Dom wurde
デア　ヴェーレント　デス　クリーゲス　ツェアシュテールテ　ドーム　ヴルデ

erst jetzt restauriert.
エーアスト　イェツト　レスタウリールト

（戦争中に破壊された大聖堂が今ようやく修復された。）

Von den Nazis verfolgt, emigrierte Einstein
フォン　デン　ナツィス　フェアフォルクト　エミグリールテ　アインシュタイン

1933 in die USA.
ノインツェーンフンダートドライウントドライスィヒ　イン　ディー　ウーエスアー

（ナツィスに迫害されて、アインシュタインは1933年アメリカ合衆国に亡命した。）

分詞句（英分詞構文）

Aufgabe (課題) 16

A 能動文を受動文に、受動文を能動文に変えなさい。

1. Wir schenken unserer Mutter einen Blumenstrauß.
2. Er lädt mich manchmal zum Abendessen ein.
3. Der Dom ist nach dem Krieg restauriert worden.
4. Manche alten Gebäude konnten gerettet werden.

B 和訳しなさい。

1. Beethoven wurde am 16. oder 17. Dezember 1770 in Bonn geboren. Das genaue Datum konnte leider nicht ermittelt werden.
2. Mit 25 Jahren kann jeder, Mann oder Frau, zum Abgeordneten des Bundestages gewählt werden.
3. Die Stadt wurde während des Krieges schwer zerstört, aber sie ist jetzt wieder aufgebaut und restauriert worden.
4. Die Alten sprachen immer wieder über ihre vergangenen alten Tage.
5. Einer der bedeutendsten Erfindungen der Neuzeit ist der Dieselmotor. Dieser wurde von dem in Paris geborenen deutschen Ingenieur Rudolf Diesel erfunden.
6. Es war Carl Benz, der 1885 das erste von einem Verbrennungsmotor betriebene Auto herstellte.

C 独訳

1. ドイツ語はドイツでだけでなく、オーストリアやスイスでも話されている。
   (deutsch, Deutschland, Österreich, die Schweiz, Sprache, sprechen, nicht nur ... sondern auch)
2. X光線はレントゲン光線とも呼ばれている。というのはそれはドイツの物理学者ヴィルヘルム・レントゲンによって発明されたからである。
   (denn, erfinden, nennen, Physiker, Wilhelm Röntgen, X-Strahlen *pl.*)
3. 1901年、初めてのノーベル物理学賞がヴィルヘルム・レントゲンに授与された。
   (erst, für, Jahr, Nobelpreis, Physik, verleihen)

〔解答214頁〕

Lektion 18 【achtzehn】 第18課
〈レクツィオーン〉　　　〈アハツェーン〉

― 接続法（1）―

§1　直説法と接続法

◆動詞の形によって表現される話法には、これまでに学んだ直説法と命令法のほかに、接続法があります。直説法が主として、ある事柄を事実として断定的に表現するのに対して、接続法は、それを事実として断定的に表現できない場合、または、断定的に表現しない方がよい場合に用いられます。

Er lebt ganz bestimmt.
エァ　レープト　ガンツ　　ベシュティムト

（あの人はきっと生きている。）　　《直説法現在：断定的表現》

Wenn er doch lebe!
ヴェン　エァ　ドッホ　レーベ

（あの人が生きておりますように…）　《接続法第1式：可能性のある願望》

Wenn er doch lebte!
ヴェン　エァ　ドッホ　レープテ

（あの人が生きていればなあ…）　　《接続法第2式：不可能な願望》

Ich hatte kein Geld.
イヒ　ハッテ　カイン　ゲルト

（私は金がなかった。）　　　　　　《直説法過去：断定的表現》

Hätte ich doch Geld gehabt!
ヘッテ　イヒ　ドッホ　ゲルト　ゲハープト

（金があったらなあ…）　　　　　　《接続法第2式：不可能な願望》

Er sagte mir: „Warte hier auf mich! Ich komme
エァ　ザークテ　ミーァ　　ヴァルテ　ヒーァ　アウフ　ミッヒ　イヒ　コンメ

gleich zurück."
グライヒ　　ツリュック

（彼は私に言った、「ここで私を待っていてくれ！私はすぐ戻って来る」。）

《直説法現在：断定的表現》

Er sagte mir, ich solle hier auf ihn warten. Er
エァ　ザークテ　ミーァ　イヒ　ゾレ　ヒーァ　アウフ　イーン　ヴァルテン　エァ

komme gleich zurück.
コンメ　　グライヒ　　ツリュック

（彼は私に言った、ここで彼を待ってもらいたい、彼はすぐ戻って来る、と。）

《接続法第1式：間接話法》

Ich habe eine Bitte an dich.
イヒ　ハーベ　アイネ　ビッテ　アン　ディヒ

（きみに頼みがある。）　　　　　《直説法：直截的表現》

Ich hätte eine Bitte an Sie.
イヒ　ヘッテ　アイネ　ビッテ　アン　ズィー

（あなたにお願いがあるのですが…）　《接続法2式：控え目な表現》

> **注**
> 《接続法》という名称は、この形の動詞が接続詞の機能を兼ね備えているところに由来します。
>
> **Er sagte, er komme zurück.**
> エァ　ザークテ　エァ　コンメ　ツリュック
>
> 　　　　　＝ **Er sagte, dass er zurückkomme.**
> 　　　　　　　エァ　ザークテ　ダス　エァ　ツリュックコンメ

接続詞がなくても
主文章（Er sagte）に接続する

Lektion 18 [achtzehn]：第18課／接続法（1）

18

§2　接続法の2形態

◆接続法には、《第1式》（現在型）と《第2式》（過去型）の二つの形態があります。この違いは時称上の違いではなく、表現内容の違いです。一般に、表現内容が可能的であれば第1式が用いられ、非現実的であれば第2式が用いられます。

§3　接続法第1式の現在人称変化

◆動詞の語幹（直説法の場合のように語幹が変化するものはありません）に接続法の活用語尾（ e / est / e / en / et / en ）を付けてつくります。

	leben レーベン	kommen コンメン	wissen ヴィッセン	haben ハーベン	werden ヴェーアデン	sein ザイン
ich イヒ	lebe レーベ	komme コンメ	wisse ヴィッセ	habe ハーベ	werde ヴェーアデ	sei* ザイ
du ドゥー	lebest レーベスト	kommest コンメスト	wissest ヴィッセスト	habest ハーベスト	werdest ヴェーアデスト	sei[e]st ザイエスト
er エア	lebe レーベ	komme コンメ	wisse ヴィッセ	habe ハーベ	werde ヴェーアデ	sei* ザイ
wir ヴィーア	leben レーベン	kommen コンメン	wissen ヴィッセン	haben ハーベン	werden ヴェーアデン	seien ザイエン
ihr イーア	lebet レーベット	kommet コンメット	wisset ヴィッセット	habet ハーベット	werdet ヴェーアデット	seiet ザイエット
sie ズィー	leben レーベン	kommen コンメン	wissen ヴィッセン	haben ハーベン	werden ヴェーアデン	seien ザイエン

> **注**
> ① seinだけは*の個所に語尾が付きません。
> ② -eln, -ern型動詞は、3人称単数以外は直説法現在と同形になります。
>
> ich sammle　　　du sammelst　　　er sammle
> wir sammeln　　　ihr sammelt　　　sie sammeln

§4　接続法第2式の現在人称変化

◆動詞の過去形に第1式と同じ語尾を付けてつくります。ただし、過去形で幹母音が他の母音から a, o, u に変化するものは、その母音を必ず変音させます。(したがって、幹母音が変化しない弱変化動詞や、sollen, wollen などは、直説法過去とまったく同形となります)。

不定詞	leben レーベン	kommen コンメン	wissen ヴィッセン	haben ハーベン	werden ヴェーァデン	sein ザイン
過去形	lebte レープテ	kam カーム	wusste ヴステ	hatte ハッテ	wurde ヴールデ	war ヴァール
第2式	lebte レープテ	käme ケーメ	wüsste ヴュステ	hätte ヘッテ	würde ヴュルデ	wäre ヴェーレ
ich イヒ	lebte レープテ	käme ケーメ	wüsste ヴュステ	hätte ヘッテ	würde ヴュルデ	wäre ヴェーレ
du ドゥー	lebtest レープテスト	kämest ケーメスト	wüsstest ヴュステスト	hättest ヘッテスト	würdest ヴュルデスト	wärest ヴェーレスト
er エア	lebte レープテ	käme ケーメ	wüsste ヴュステ	hätte ヘッテ	würde ヴュルデ	wäre ヴェーレ
wir ヴィーア	lebten レープテン	kämen ケーメン	wüssten ヴュステン	hätten ヘッテン	würden ヴュルデン	wären ヴェーレン
ihr イーア	lebtet レープテット	kämet ケーメット	wüsstet ヴュステット	hättet ヘッテット	würdet ヴュルデット	wäret ヴェーレット
sie ズィー	lebten レープテン	kämen ケーメン	wüssten ヴュステン	hätten ヘッテン	würden ヴュルデン	wären ヴェーレン

注　第2式のつくり方には次のような例外もあります（詳しくは辞書巻末の変化表を参照すること）。

不定詞	過去形	第2式	不定詞	過去形	第2式
kennen	kannte	kennte	stehen	stand	stünde
senden	sandte	sendete	sterben	starb	stürbe

Lektion 18 [achtzehn]：第18課／接続法 (1)

§5 接続法の時称

◆ 直説法では、過去、現在完了、過去完了の区別がありますが、接続法ではこの区別がなく、これらをすべて過去として取り扱います。したがって接続法には、現在、過去、未来、未来完了の4つの時称しかありません。

	第1式	第2式
現在	er wisse	er wüsste
	er komme	er käme
過去	er habe gewusst	er hätte gewusst
	er sei gekommen	er wäre gekommen
未来	er werde wissen*	er würde wissen*
	er werde kommen	er würde kommen
未来完了	er werde gewusst haben*	er würde gewusst haben*
	er werde gekommen sein	er würde gekommen sein

（過去を完了の形で表す）

※〕第2式未来を〈第1条件法〉、第2式未来完了を〈第2条件法〉と呼ぶこともあります。

§6 要求の接続法 ― 第1式 ―

◆ 1人称、敬称の2人称、3人称に対して、命令・要求・実現可能な願望などを表す話法を《要求の接続法》といいます。第1式が用いられます。

Gehen wir trinken!　　　　（飲みに行こう！）

Sagen Sie es noch einmal!　（もう一度おっしゃってください！）

Edel **sei** der Mensch!　　　（人間は高貴であれ！）

Gott **helfe** uns!　　　　　　（神がわれらを助けたまわんことを！）

§7　認容の接続法 ― 第1式 ―

◆〈…だとしておこう〉、〈…だとしても〉など、取り決めや、認容・譲歩を表す場合にも接続法第1式が用いられます。

Die Figur abc sei ein gleichschenkliges Dreieck.
（図形abcが二等辺三角形とする。）

Es sei wahr, was er gesagt hat.
（彼が言ったことが本当だとしておこう。）

認容文のあとは定動詞正置でよい

Was er auch sage, ich glaube ihm nicht mehr.
（彼が何を言おうと、もう彼を信じない。）

§8　間接引用の接続法 ― 第1式 または 第2式 ―

◆他人の言葉や文章を、何の変更も加えずにそのまま引用するのを《直接話法》といい、その内容をいったん引用者の言葉に直して間接的に引用するのを《間接話法》といいます。

◆直接話法を間接話法に変えるには、
①引用符を取り去る。
②直接話法で使われている人称を引用者からみた人称に改める。
③直説法の定動詞を接続法第1式または第2式（第1式が直説法と同形のときは必ず第2式）に直す。
などの点に注意しなければなりません。

コロン

Er sagte ihr: „Ich liebe dich".
（彼は彼女に言った、「私はきみを愛している。」）

コンマ

Er sagte ihr, er liebe sie.
（彼は彼女に、彼が彼女を愛していると言った。）

Sie sagten mir: „Ich komme morgen zu Ihnen."
（あなたは私におっしゃった、「私は明日あなたのところへ行きます。」）

Sie sagten mir, Sie kämen morgen zu mir.
（あなたは私に、明日私のところへ来るとおっしゃいました。）

第1式はkommenで直説法と同形

◆疑問詞のある疑問文を間接話法で表現する場合はその疑問詞をそのまま使い、疑問詞のない疑問文は従属接続詞 **ob** を使って副文化します。

Er fragte sie: „Wann reist du ab?"
エア　フラークテ　ズィー　　ヴァン　　ライスト　ドゥー　アップ

（彼は彼女に尋ねた、「いつ発つの？」）

Er fragte sie, wann sie abreise.
エア　フラークテ　ズィー　　ヴァン　ズィー　アップライゼ

（彼は彼女に尋ねた、彼女がいつ出発するのかと。）

Er fragte mich: „Warst du krank?"
エア　フラークテ　ミッヒ　　ヴァールスト　ドゥー　クランク

（彼は私に尋ねた、「病気だったの？」）

Er fragte mich, ob ich krank gewesen sei.
エア　フラークテ　ミッヒ　オップ　イヒ　クランク　ゲヴェーゼン　ザイ

接続法過去は完了の形にする

（彼は私に尋ねた、私が病気だったのかどうかと。）

◆命令文を間接話法で表現する場合、普通 **sollen** を用いますが、命令というよりも依頼・懇願に近い場合は **mögen** を用います。

Er sagte ihr: „Komm gleich zurück!"
エア　ザークテ　イーア　　コム　　グライヒ　ツリュック

（彼は彼女に言った、「すぐに帰って来い！」）

Er sagte ihr, sie solle gleich zurückkommen.
エア　ザークテ　イーア　ズィー　ゾレ　グライヒ　ツリュックコンメン

（彼は彼女に言った、彼女がすぐに帰って来るようにと。）

Sie bat ihn: „Schreibe mir bald!"
ズィー　バート　イーン　　シュライベ　ミーア　バルト

（彼女は彼に頼んだ、「すぐ手紙を書いて！」）

Sie bat ihn, er möge ihr bald schreiben.
ズィー　バート　イーン　エア　メーゲ　イーア　バルト　シュライベン

（彼女は彼に頼んだ、彼が彼女にすぐに手紙を書いてほしいと。）

◆他人の言葉や文章を引用する場合だけでなく、思考・願望などの内容を間接的に表現する場合にも間接引用の接続法が用いられます。

Sie denkt, du kommest nicht.
ズィー　デンクト　ドゥー　コンメスト　ニヒト

（彼女はきみが来ないと思っている。）

Der Gedanke, dass er bald zurückkomme, machte
デア　ゲダンケ　ダス　エア　バルト　ツリュックコンメ　マハテ

sie glücklich.
ズィー　グリュックリヒ

（あの人がもうすぐ帰って来るんだと思うと、彼女は幸せな気持ちになった。）

◆最近は間接話法を直説法で表現することも多くなっています。

Mein Arzt sagte mir, dass Schwimmen der beste
マイン　アールツト　ザークテ　ミーア　ダス　シュヴィンメン　デア　ベステ

und gesündeste Sport ist, den es gibt.
ウント　ゲズュンデステ　シュポルト　イスト　デーン　エス　ギープト

（私のかかりつけの医者が私に、水泳はあらゆるスポーツの中で最もよい、最も健康的なスポーツだと言いました。）

■デザート　Nachspeise ［ナーハシュパイゼ］

Eis	［アイス］	アイスクリーム
Vanille	［ヴァニル］	ヴァニラアイス
Zitrone	［ツィトローネ］	レモンアイス
Erdbeere	［エァトベーレ］	イチゴアイス
Kaffee	［カフェー］	コーヒーアイス
Gemischtes Eis	［ゲミシュテス　アイス］	ミックスアイス
Fruchteis	［フルフトアイス］	シャーベット
Käse	［ケーゼ］	チーズ
Rahmkäse	［ラームケーゼ］	クリームチーズ
Briekäse	［ブリーケーゼ］	ブリーチーズ
Camembert	［カマンベール］	カマンベール
Schweizerkäse	［シュヴァイツァーケーゼ］	スイスチーズ
Holländer Käse	［ホレンダー　ケーゼ］	オランダチーズ

Lektion 18 [achtzehn]：第18課／接続法（1）

Aufgabe (課題) 17

A 直接話法は間接話法に、間接話法は直接話法に改めなさい。

1. Er sagte mir, ich solle ihm helfen, wenn ich Zeit hätte.
2. Der Arzt sagte mir: „Trinken Sie nicht zu viel!"
3. Sie sagte ihm, er möge sie noch einmal anrufen.
4. Sie schrieben mir: „Ich habe Ihren Brief erhalten."
5. Sie sagte mir: „Du bist der einzige Mensch, der mein Leid versteht."

B 和訳しなさい。

1. Wer besitzt, der lerne verlieren; wer im Glück ist, lerne den Schmerz. — Schiller —
2. Nach der Vorlesung kamen einige Studenten zu mir und fragten mich, ob ich vielleicht ein Viertelstündchen Zeit hätte, mit ihnen zu reden. — Spitteler —
3. Die Mutter glaubte, man könne nicht früh genug zu lernen beginnen, und schickte mich schon im sechsten Jahr zur Schule. — Carossa —
4. Alexander von Humboldt sagte, Passau sei eine der schönsten sieben Städte der ganzen Welt.
5. Beethoven sagte, nur die Kunst habe ihn gehalten. Er habe den Kelch des bitteren Leidens geleert. Der solle aber in seiner Seele in Schönheit verwandelt werden. Er sei es ihm selbst, der Menschheit und dem Allmächtigen schuldig. Er müsse seine Musik schreiben, zur ewigen Ehre Gottes.

C 独訳

1. どうか二度と戦争が起こりませんように！
   (es, geben, Krieg, nie, wenn, wieder)
2. 彼が私に聞いた、来年の夏一緒にヨーロッパへ旅行する気はないかと。
   (Europa, haben, Lust, mit, nach, nächst, ob, reisen, Sommer, zu)
3. 彼女が私に聞いた、なぜ来なかったのか。病気だったのかと。
   (kommen, krank, nicht, ob, sein, warum)

〔解答215頁〕

ちょっと一息・ドイツリート・3

Stille Nacht

Franz Gruber, 24. Dez. 1818.

Stil - le Nacht, hei - li - ge Nacht!

Al - les — schläft. Ein - sam wacht

nur das trau - te hoch - hei - li - ge Paar.

Hol - der Kna - be im loc - ki - gen Haar,

Schla - f' in himm - li - scher Ruh'! —

Schla - f' in himm - li - scher Ruh'! —

Stille Nacht

1. Stille Nacht, heilige Nacht!
   Alles schläft, einsam wacht
   nur das traute, hochheilige Paar,
   Holder Knabe im lockigen Haar,
   Schlaf' in himmlischer Ruh'!
   Schlaf' in himmlischer Ruh'!

2. Stille Nacht, heilige Nacht!
   Hirten erst kund gemacht,
   durch der Engel Hallelujah
   tönt es laut von fern und nah':
   Christ, der Retter, ist da!
   Christ, der Retter, ist da!

3. Stille Nacht, heilige Nacht!
   Gottes Sohn! O wie lacht
   Lieb' aus deinem göttlichen Mund,
   da uns schlägt die rettende Stund',
   Christ, in deiner Geburt!
   Christ, in deiner Geburt!

Joseph Mohr

聖夜

1. 静かな夜　神聖な夜！

    すべてが眠り、目覚めているのは

    睦まじい、いとも気高い二人だけ

    巻き毛のかわいい男の子よ

    天上のようなやすらぎの中で眠りたまえ！

    天上のようなやすらぎの中で眠りたまえ！

2. 静かな夜　神聖な夜！

    羊飼いが最初に知らせてくれた

    天使たちのハレルヤの声に包まれて

    遠くから近くからはっきりと聞こえてくる

    キリスト、救い主がここにおられる！

    キリスト、救い主がここにおられる！

3. 静かな夜　神聖な夜！

    神の子よ！　おお、なんと愛が

    そなたの口もとから笑うのか、

    われらの胸に救いの時が刻まれる

    キリスト、そなたの誕生に！

    キリスト、そなたの誕生に！

ヨーゼフ・モーァ

Lektion 19 【neunzehn】　第19課

― 接続法（2） ―

§1　非事実の接続法 ― 第2式 ―

◆〈もしもかりに…であるとすれば、…なのだが〉というように、事実と異なった状況を仮定し、その仮定を前提として推定的結論を述べる表現では、仮定部（副文）にも結論部（主文）にも接続法第2式が用いられます。これを《非事実の接続法》といいます。

Wenn ich Zeit hätte, läse ich das Buch.
（もしも時間があるならば、私はその本を読むのだが。）

Wenn ich Zeit hätte, würde ich das Buch lesen.
（もしも時間があるならば、私はその本を読むであろうに。）

Wenn ich Zeit hätte, könnte ich das Buch lesen.
（もしも時間があるならば、私はその本を読むことができるのだが。）

Hätte* ich Zeit gehabt, so hätte ich das Buch gelesen.
（もしも時間があったならば、その本を読んだのだが。）

Hätte* ich Zeit gehabt, so würde ich das Buch gelesen haben.
（もしも時間があったならば、その本を読んだであろうに。）

Hätte* ich Zeit gehabt, so hätte ich das Buch lesen können.
（もしも時間があったならば、その本を読むことができたのだが。）

※〕仮定部の wenn が省略されると、定動詞が文頭に出ます。この場合主文の先頭に仮定部を受ける副詞 so〈そうすれば〉、または dann〈その場合〉が添えられることが多い。

§2 副文に現れる非事実の接続法

◆仮定部だけが独立して、〈…であればなあ!〉という実現不可能な願望を表すことがあります。この場合 doch, nur などが添えられることが多い。

Wenn ich doch mehr Geld hätte! （もっと金があればなあ!）

O, wärest du nur hier! （ああ、きみがここにいてくれればなあ!）

◆auch wenn … , und wenn … などの認容文に接続法第2式が用いられると、非事実の認容を表します。

Das Geheimnis werde ich niemand verraten, auch wenn ich dafür getötet würde.
（その秘密はたとえ殺されても誰にも漏らしはしない。）

Wer mehrmals lügt, dem würde niemand glauben, auch wenn er die Wahrheit spräche.
（たびたび嘘をつく人は、たとえ本当のことを話しても誰にも信じてもらえないであろう。）

◆als ob … , als wenn … などに導かれる副文は〈まるで…であるかのように〉という非事実の比較を表します。この副文には接続法第1式や直説法が使われることもあります。

Sie spricht so gut Deutsch, als ob sie eine Deutsche wäre 〈sei〉. （彼女はまるでドイツ人みたいに上手にドイツ語を話す。）

Er tat so, als hätte* 〈habe〉 er nichts gehört.
（彼はまるで何も聞こえなかったかのようなふりをした。）

Mir ist, als sitzt* du jetzt bei mir.
（あなたが今私のそばに座っているような気がします。）

※] als ob … , als wenn … の ob や wenn が省略されると、定動詞がその位置に移動します。

§3 主文に現れる非事実の接続法

◆推定的結論部のみが独立して用いられることがあります。この場合仮定部は語句の形で主文に含まれることが多い。

Ohne Wasser gäbe es kein Leben auf der Erde.
オーネ　ヴァッサー　ゲーベ　エス　カイン　レーベン　アウフ　デア　エーアデ

（水がなければ地球上にいかなる生物も存在しないであろう。）

Ich hätte nicht so einen Wagen gekauft.
イヒ　ヘッテ　ニヒト　ゾー　アイネン　ヴァーゲン　ゲカウフト

（私ならそんな車は買わなかっただろう。）

◆sollen, können, müssen の接続法第２式が、実現されなかったことに対する非難や愚痴を表すことがあります。

Du hättest sie heiraten sollen!
ドゥー　ヘッテスト　ズィー　ハイラーテン　ゾレン

（彼女と結婚すればよかったのに！）

Sie hätten mich gestern anrufen müssen!
ズィー　ヘッテン　ミッヒ　ゲスターン　アンルーフェン　ミュッセン

（昨日電話をくだされればよかったのですが…）

◆gern, lieber, am liebsten を伴う動詞が、実際にはそうならないが、〈できれば…したい〉の意味で用いられます。

Ich möchte *lieber* sterben als so etwas zu tun.
イヒ　メヒテ　リーバー　シュテルベン　アルス　ゾー　エトヴァス　ツー　トゥーン

（そんなことをするくらいなら、死んでしまう方がましです。）

Am liebsten würde ich mit dir hier in Deutschland wohnen!
アム　リープステン　ヴュルデ　イヒ　ミット　ディーア　ヒーア　イン　ドイッチュラント　ヴォーネン

（できることならあなたと一緒にこのドイツに住みたい！）

◆fast, beinahe, um ein Haar などを伴う接続法第2式が、実際には起こらなかったが、〈あやうく…するところだった〉の意味で用いられます。

Ich hätte *fast* die Verabredung mit Ihnen vergessen.
（あやうくあなたとの約束を忘れるところでした。）

Um ein Haar hätte ich diese Maschine versäumt.
（間一髪でこの飛行機に乗り遅れるところでした。）

§4　推量の接続法 ― 第2式 ―

◆事実に反することではなく、ある事柄の不確実性、疑惑、反語的表現、安堵の表現などにも接続法第2式が用いられます。これを《推量の接続法》といいます。

Jetzt würde schon niemand mehr im Büro sein.
（今頃はもう事務所には誰もいないでしょう。）

Sollte er es ihr wirklich mitteilen?
（彼はそれを彼女に本当に伝えたのだろうか？）

Wer könnte das außer Ihnen tun!
（あなた以外に誰がそれをできるでしょう！）

Gott sei Dank! Endlich könnten wir uns von dieser Arbeit befreien!
（ありがたい！ついに私たちはこの仕事から解放されるんだ！）

◆控え目な主張や丁寧な依頼などにも推量の接続法が用いられます。この表現は日常会話でひんぱんに使われ、《外交的接続法》とも呼ばれます。

Ich möchte mit Herrn Meyer sprechen.
イヒ　メヒテ　ミット　ヘルン　マイヤー　シュプレヒェン

（マイヤーさんにお目にかかりたいのですが。[お話ししたいのですが]）

Könnte ich noch eine Tasse Kaffee haben?
ケンテ　イヒ　ノッホ　アイネ　タッセ　カフェー　ハーベン

（コーヒーをもう一杯いただけませんでしょうか？）

Ich wünschte, Sie würden sich beeilen!
イヒ　ヴュンシュテ　ズィー　ヴュルデン　ズィヒ　ベアイレン

（急いでいただけませんでしょうか!）

Ich würde mich sehr freuen, wenn Sie mich wieder besuchen könnten.
イヒ　ヴュルデ　ミッヒ　ゼーア　フロイエン　ヴェン　ズィー　ミッヒ　ヴィーダー　ベズーヘン　ケンテン

（またお訪ねいただけましたら、とてもうれしく存じます。）

■魚介　Fische［フィッシェ］

der Aal	［アール］	ウナギ
die Auster	［アウスター］	カキ
der Butt	［ブット］	ヒラメ
die Forelle	［フォレッレ］	マス
der Hering	［ヘーリング］	ニシン
die Garnele	［ガルネーレ］	小エビ
die Languste	［ラングステ］	イセエビ
der Hummer	［フムマー］	オマールエビ
die Meerbrasse	［メーァブラッセ］	タイ
die Sardelle	［ザルデレ］	カタクチイワシ
die Sardine	［ザルディーネ］	イワシ
die Seezunge	［ゼーツンゲ］	シタビラメ
der Thunfisch	［トゥーンフィシュ］	マグロ
der Tintenfisch	［ティンテンフィシュ］	イカ

Aufgabe (課題) 18

A 例にならって接続法第2式の文をつくり，和訳しなさい。

例 Ich habe keine Zeit. Ich kann nicht ins Kino gehen.
→ Wenn ich Zeit hätte, könnte ich ins Kino gehen.

1. Es regnet heute. Wir machen keinen Ausflug.
2. Sie rief mich gestern nicht an. Sie konnte ihn nicht sehen.
3. Er hat nur wenig Geld. Er wird nicht mehr in Deutschland bleiben können.
4. Es war nicht schön. Du kamst nicht mit.
5. Du fragtest mich nicht danach. Du konntest nichts von mir hören.

B 和訳しなさい。

1. Im 22. Jahrhundert würde alles ganz anderes geworden sein.
2. Wenn das Wetter schön wäre, könnten wir von hier aus das Matterhorn sehen.
3. Warum haben Sie mich nicht danach gefragt? Dann hätte ich Ihnen alles darüber erzählen können.
4. Jetzt schreibe ich in mein Tagebuch. Mir ist, als ob ich an Sie schriebe. Mir ist jetzt, als wäre alles wertlos, was mit Ihnen nicht zu tun hat.
5. Ich fürchte mich nicht vor dem Tod. Aber ich hätte gern Zeit, um das auszuführen, was ich tun möchte. ― Mark Chagall ―

C 独訳

1. 人は、もしも200歳まで生きられても、もっと長生きしたいと思うだろう。
   (bis, ... Jahre alt, können, lang, leben, noch, wollen)
2. 彼女はそれについて何も知らなかったかのようなふりをした。
   (davon, nichts, tun, wissen)
3. すぐにお手紙をいただけましたらとてもうれしく存じます。
   (bald, sich freuen, *jm.* schreiben, sehr)

〔解答216頁〕

Lektion 20 【zwanzig】
〈レクツィオーン〉 〈ツヴァンツィヒ〉

第20課

― 数 詞 ―

§1　基数詞とその用法

◆基数詞の読み方

0	null ヌル	10	zehn ツェーン	20	zwanzig ツヴァンツィヒ
1	eins アインス	11	elf エルフ	21	einundzwanzig アインウントツヴァンツィヒ
2	zwei ツヴァイ	12	zwölf ツヴェルフ	22	zweiundzwanzig ツヴァイウントツヴァンツィヒ
3	drei ドライ	13	dreizehn ドライツェーン	30	dreißig ドライスィヒ
4	vier フィーア	14	vierzehn フィアツェーン	40	vierzig フィアツィヒ
5	fünf フュンフ	15	fünfzehn フュンフツェーン	50	fünfzig フュンフツィヒ
6	sechs ゼックス	16	sechzehn ゼヒツェーン	60	sechzig ゼヒツィヒ
7	sieben ズィーベン	17	siebzehn ズィープツェーン	70	siebzig ズィープツィヒ
8	acht アハト	18	achtzehn アハツェーン	80	achtzig アハツィヒ
9	neun ノイン	19	neunzehn ノインツェーン	90	neunzig ノインツィヒ

注:
- 21: einsでなく ein
- 30: これだけ …ßig
- 40: フィーア…でなく フィア…
- 60: sechsの -sがとれて ゼヒ…
- 70: siebenの -enがとれて ズィープ…
- ツ (トツと読まない)

100	[ein]hundert	101	hunderteins
1 000*	[ein]tausend	128	hundertachtundzwanzig
10 000	zehntausend	365	dreihundertfünfundsechzig
100 000	hunderttausend	9 437	neuntausendvierhundert-siebenunddreißig
1 000 000	eine Million		
2 000 000	zwei Millionen		

eine Million / zwei Millionen ← ここから名詞となり、複数形がある

> **注**
>
> 1. 英語では、1000以上の数字には3桁ごとにコンマ（,）を入れますが、ドイツ語では入れません。少し空けて印刷したり、書いたりします。ドイツでは、コンマは小数点です。0,5を null Komma fünf と読みます。
> 2. 基数詞を名詞として用いるときは頭字を大文字にします。性はすべて女性です。
>   〔例〕 null → die Null　eins → die Eins　sieben → die Sieben
> 3. zwei のかわりにしばしば zwo が用いられます。特に 時刻・電話番号・金額・駅の番線などの表現で drei との混同をさけるために好んで用いられます。
>   〔例〕 **Der Zug nach Köln fährt acht Uhr zwounddreißig von Gleis zwo ab.**
>   （ケルン行きの列車は8時32分に2番線から発車します。）

Lektion 20 [zwanzig]：第20課／数詞

◆数式の読み方

$1 + 2 = 3$	Eins und〈plus〉 zwei ist 〈gleich/macht〉 drei. アインス ウント 〈プルス〉 ツヴァイ イスト 〈グライヒ / マハト〉 ドライ
$5 - 3 = 2$	Fünf weniger〈minus〉 drei ist zwei. フュンフ ヴェーニガー 〈ミーヌス〉 ドライ イスト ツヴァイ
$3 \cdot 2 = 6$	Drei mal zwei ist sechs. ドライ マール ツヴァイ イスト ゼックス
$6 : 3 = 2$	Sechs durch 〈geteilt〉 drei ist zwei. ゼックス ドゥルヒ 〈ゲタイルト〉 ドライ イスト ツヴァイ
$4^2 = 16$	Vier hoch zwei ist sechzehn. フィーア ホーホ ツヴァイ イスト ゼヒツェーン
$2^3 = 8$	Zwei hoch drei ist acht. ツヴァイ ホーホ ドライ イスト アハト
$\sqrt{9} = 3$	[Quadrat]wurzel aus neun ist drei. クヴァドラート ヴルツェル アウス ノイン イスト ドライ
$\sqrt[3]{8} = 2$	Kubikwurzel aus acht ist zwei. クビークヴルツェル アウス アハト イスト ツヴァイ
$\sqrt[5]{32} = 2$	Fünftewurzel aus zweiunddreißig ist zwei. フュンフテヴルツェル アウス ツヴァイウントドライスィヒ イスト ツヴァイ
$(x+y)^2 = a$	Klammer x plus y Klammer hoch zwei ist a. クラマー イクス プルス ユプスィロン クラマー ホーホ ツヴァイ イスト アー

※) ドイツでは、「×」を「・」、「÷」を「:」で表します。

◆**小数**：小数点は Punkt (.) ではなく、Komma (,) を用います。

0,5	null Komma fünf	ヌル コンマ フュンフ
2,1	zwei Komma eins	ツヴァイ コンマ アインス
3,1415	drei Komma eins vier eins fünf	ドライ コンマ アインス フィーア アインス フュンフ

◆**回数・倍数・種数**

倍、回、度	einmal アインマール	zweimal ツヴァイマール	dreimal ドライマール	…
回、度	einmalig アインマーリヒ	zweimalig ツヴァイマーリヒ	dreimalig ドライマーリヒ	…
倍	einfach アインファハ	zweifach ツヴァイファハ	dreifach ドライファハ	…
種	einerlei アイナーライ	zweierlei ツヴァイアーライ	dreierlei ドライアーライ	…

注 物を注文するときに einmal（1×…）、zweimal（2×…）…の倍数が用いられます。

〔例〕 **Einmal nach Hamburg hin und zurück!**
アインマール ナーハ ハンブルク ヒン ウント ツリュック

（ハンブルク往復1枚！[切符]）

Dreimal Kaffee und zweimal Tee, bitte!
ドライマール カフェー ウント ツヴァイマール テー ビッテ

（コーヒー3つと紅茶2つください。）

Lektion 20【zwanzig】：第20課／数詞

◆ **度量衡**：度量衡の単位名には一般に複数形を用いませんが、女性名詞の場合には例外があります。

1°	ein Grad	30°	dreißig Grad
1 g	ein Gramm	100 g	hundert Gramm
1 km	ein Kilometer	10 km	zehn Kilometer
1 £	ein Pfund	3 £	drei Pfund
1 €	ein Euro	2 €	zwei Euro
1 c	ein Cent	9,30 €	neun Euro dreißig [Cent]
1 DM	eine Mark*	100 DM	hundert Mark
1 Pf	ein Pfennig*	20 Pf	zwanzig Pfennig
84,36 DM*			vierundachtzig Mark sechsunddreißig [Pfennig]
1 M.	eine Meile	20 M.	zwanzig Meilen ← 複数
1 t	eine Tonne	10 t	zehn Tonnen ← 複数

※）Mark, Pfennig は Euro, Cent になる前のドイツの貨幣単位です。少し前の文献にはよく出てくるので、入れておきます。

§2 序数とその用法 (→104頁参照)

◆ 序数詞は 19. までは基数に -t を、20. 以上は -st を付けます。ただし、1.、3.、7.、8. は例外です。

1. **erst** エーアスト	7. **sieb[en]t** ズィープト／ズィーベント	20. zwanzig**st** ツヴァンツィヒスト
2. **zweit** ツヴァイト	8. **acht** アハト	21. einundzwanzig**st** アインウントツヴァンツィヒスト
3. **dritt** ドリット	9. **neunt** ノイント	99. neunundneunzig**st** ノインウントノインツィヒスト
4. vier**t** フィーアト	10. zehn**t** ツェーント	100. hundert**st** フンダーツト
5. fünf**t** フュンフト	17. siebzehn**t** ズィープツェーント	101. hundert**erst** フンダートエーアスト
6. sechs**t** ゼックスト	19. neunzehn**t** ノインツェーント	1 000. tausend**st** タウゼンツト

◆序数詞は形容詞の一種ですから、名詞を修飾するときは形容詞の変化（→105頁）をします。

1. Teil	【erster Teil】 エーアスター　タイル	（第1部）
2. Lektion	【zweite Lektion】 ツヴァイテ　レクツィオーン	（第2課）
3. Kapitel	【drittes Kapitel】 ドリッテス　カピーテル	（第3章）
im 1. Stock	【im ersten Stock】 イム　エーアステン　シュトック	（2階に〈1階は Erdgeschoß〉） エーアトゲショス
Ludwig II	【= Ludwig der Zweite】 ルートヴィヒ　デア　ツヴァイテ	（ルートヴィヒ二世）
Elisabeth I	【= Elisabeth die Erste】 エリーザベト　ディー　エーアステ	（エリザベス一世）

Das Bildnis des Kaisers Wilhelm II 【= des Zweiten】
ダス　ビルトニス　デス　カイザース　ヴィルヘルム　　　　デス　ツヴァイテン

（皇帝ヴィルヘルム二世の肖像）

> **注** 序数のかわりに基数を使うこともあります。
> 〔例〕 Lektion 1 [eins] （第1課）　　Band 2 [zwei]　　（第2巻）
> 　　　 Kapitel 3 [drei] （第3課）　　Seite 18 [achtzehn] （18頁）

◆列挙する場合

der erste（第1は）　erstens（第1に）　zum ersten Mal（最初に）

der zweite（第2は）　zweitens（第2に）　zum zweiten Mal（2度目に）

der dritte（第3は）　drittens（第3に）　zum dritten Mal（3度目に）

der letzte（最後は）　letztens（最後に）　zum letzten Mal（最後に）

◆**分数**：分子は基数詞、分母は〈序数+el〉で読みます。

1/2	[ein]halb	1/3	ein Drittel
3/4	drei Viertel	1/20	ein Zwanzigstel
1 1/2	eineinhalb, anderthalb	3 2/5	drei zwei Fünftel
1/100	ein Hundertstel, ein Prozent		
15%	fünfzehn Prozent, fünfzehn Hundertstel		

§3　年月日の読みかたと表記

◆《西暦年》の読み方は、1099年までは普通の基数詞の読み方ですが、1100年以降は100の位で切って、2桁ごとに読みます。

1099年　　*tausend*neunundneunzig
　　　　　タウゼント　ノインウントノインツィヒ

1100年　　*elf*hundert
　　　　　エルフフンダート

1989年　　*neunzehnhundert*neunundachtzig
　　　　　ノインツェーンフンダートノインウントアハツィヒ

2015年　　*zweitausend*fünfzehn
　　　　　ツヴァイタウゼントフュンフツェーン

◆《日》は〈定冠詞＋序数〉で表します。したがって序数は形容詞の弱変化をします。

（今日は何日ですか?）

Der Wievielte ist heute?
デア　ヴィフィールテ　イスト　ホイテ

Den Wievielten haben wir heute?
デン　ヴィフィールテン　ハーベン　ヴィーア　ホイテ

Welches Datum haben wir heute?
ヴェルヒェス　ダートゥム　ハーベン　ヴィーア　ホイテ

（今日は11月28日です。）

Heute ist der 28.(achtundzwanzigste) November.
ホイテ　イスト　デア　アハトウントツヴァンツィヒステ　ノヴェンバー

Wir haben heute den 28.(achtundzwanzigsten) November.
ヴィーア　ハーベン　ホイテ　デン　アハトウントツヴァンツィヒステン　ノヴェンバー

（あなたはいつ生まれましたか?）

Wann sind Sie geboren?
ヴァン　ズィント　ズィー　ゲボーレン

Am Wievielten sind Sie geboren?
アム　ヴィフィールテン　ズィント　ズィー　ゲボーレン

（私は1947年5月8日に生まれました。）

Ich bin am 8.(achten) Mai 1947 geboren.
イヒ　ビン　アム　アハテン　マイ　ノインツェーンフンダートズィーベンウントフィアツィヒ　ゲボーレン

193

（ゲーテは1749年に生まれ、1832年3月22日に死んだ。）

Goethe wurde [im Jahre]
ゲーテ　　　ヴールデ　　　イム　　ヤーレ

1749 (siebzehnhundertneunundvierzig) geboren
　　　　ズィープツェーンフンダートノインウントフィアツィヒ　　　　ゲボーレン

und starb am 22.(zweiundzwanzigsten) März
ウント　シュタルプ　アム　　　　ツヴァイウントツヴァンツィヒステン　　　　メルツ

1832 (achtzehnhundertzweiunddreißig).
　　　　アハツェーンフンダートツヴァイウントドライスィヒ

（ミュンヒェンにて、1989年3月14日）［手紙の日付］

München, den 14. März 1989
ミュンヒェン　　デン　フィアツェーンテン　メルツ　ノインツェーンフンダートノインウントアハツィヒ

（ミュンヒェンにて、2015. 3. 14）［手紙の日付］

München, 14. 3. 2015
ミュンヒェン　フィアツェーンテン　メルツ　ツヴァイタウゼントフュンフツェーン

■果物　Obst［オープスト］

die Ananas	［アナナス］	パイナップル
der Apfel	［アプフェル］	リンゴ
die Aprikose	［アプリコーゼ］	アンズ
die Banane	［バナーネ］	バナナ
die Birne	［ビルネ］	ナシ
die Erdbeere	［エーアトベーレ］	イチゴ
die Feige	［ファイゲ］	イチジク
die Himbeere	［ヒムベーレ］	キイチゴ
die Kirsche	［キルシェ］	サクランボ
die Mandarine	［マンダリーネ］	マンダリン
die Melone	［メローネ］	メロン
die Nuss	［ヌス］	クルミ
die Orange	［オランジェ］	オレンジ
die Pampelmuse	［パンペルムーゼ］	グレープフルーツ
der Pfirsich	［プフィルズィヒ］	モモ
die Pflaume	［プフラウメ］	スモモ
die Traube	［トラウベ］	ブドウ
die Zitrone	［ツィトローネ］	レモン

§4 時刻

◆公の時刻表現は24時間制を用います。日常の時刻表現は12時間制が普通で、いろいろな表現があります。

（何時ですか？）	**Wie viel Uhr ist es?**	**Wie spät ist es?**
（1時です）	**Es ist ein Uhr.**	**Es ist eins.**
（午前7時に）	**um sieben Uhr vormittags**	
（午後6時頃に）	**gegen sechs Uhr nachmittags**	

	公の時刻表現	日常の時刻表現の一例
9時00分	neun Uhr	neun
9時 5分	neun Uhr fünf [Minuten]	fünf nach neun
9時15分	neun Uhr fünfzehn	[ein] Viertel nach neun
9時25分	neun Uhr fünfundzwanzig	fünf vor halb zehn
9時30分	neun Uhr dreißig	halb zehn　〜10時の半分(1/2)
9時35分	neun Uhr fünfunddreißig	fünf nach halb zehn
9時45分	neun Uhr fünfundvierzig	[ein] Viertel vor zehn
9時55分	neun Uhr fünfundfünfzig	fünf vor zehn
21時48分	einundzwanzig Uhr achtundvierzig	

Anhang 1　格支配別重要動詞

(*印は現在人称変化単数2・3人称で語幹が変化するもの)

◆目的語不要の自動詞

sein* （…である）　　**werden*** （…になる）　　**heißen** （…と称する）

bleiben （ずっと…である）　　**scheinen** （…のようである）

> ※) 以上の動詞は特に《連辞》と呼ばれ、主語と述語とをイコール (=) の関係で結びつける働きをします。したがってこれらの動詞の述語名詞は1格となります。

gehen （行く）　　**kommen** （来る）　　**lächeln** （ほほ笑む）

lachen （笑う）　　**laufen*** （走る）　　**schlafen*** （眠っている）

sterben* （死ぬ）　　**weinen** （泣く）　　　　　　　　　　*usw.*

◆2格の目的語を必要とする自動詞

(*js.*〈人²〉～　ある人²を～ ; *et²*〈物²〉～　ある物²を～)

bedürfen* （必要とする）　　**gedenken** （思う）　　　　*usw.*

◆3格の目的語を必要とする自動詞

(*jm.*〈人³〉～　ある人³に〈を〉～ ; *et³*〈物³〉～　ある物³に〈を〉～)

antworten （答える）　　**befehlen*** （命ずる）　　**begegnen** （出会う）

danken （感謝する）　　　　　　**dienen** （サービスする）

gefallen* （〈人³〉の気にいる）　　**gehorchen** （従う）

gehören （〈人³〉の所有である）　　**gelingen** （〈人³〉は成功する）

glauben （信用する）　　**helfen*** （助ける）　　**nützen** （役に立つ）

raten* （忠告する）　　**schaden** （害する）　　**verzeihen** （許す）

usw.

◆前置詞付き目的語を必要とする自動詞

beruhen auf *et³*　　　　（ある物³に基づく）

denken an *jn.*〈*et⁴*〉　　（ある人⁴〈物⁴〉を考える）

forschen nach et^3	（ある物^{3}を探求する）
glauben an $jn.\langle et^4\rangle$	（ある人^4〈物^4〉[の存在] を信ずる）
hoffen auf $jn.\langle et^4\rangle$	（ある人^4〈物^4〉に期待する）
klagen über $jn.\langle et^4\rangle$	（ある人^4〈物^4〉を嘆く）
sorgen für $jn.$	（ある人^{4}の世話をする）
streben nach et^3	（ある物^{3}を求めて努力する）
suchen nach $jm.\langle et^3\rangle$	（ある人^3〈物^3〉を探す）
spotten über $jn.\langle et^4\rangle$	（ある人^4〈物^4〉を嘲る）
verzichten auf et^4	（ある物^{4}を断念する）
warten auf $jn.\langle et^4\rangle$	（ある人^4〈物^4〉を待つ）
zweifeln an $jm.\langle et^3\rangle$	（ある人^3〈物^3〉を疑う）　　　*usw.*

◆1個の4格目的語を必要とする他動詞

（ $jn.\langle et^4\rangle$〜 ある人^4〈物^4〉を〈に〉〜）

essen* （食べる）	**grüßen** （に挨拶する）	**hassen** （を憎む）
fragen （に尋ねる）	**kennen** （を知っている）	**treffen*** （に出会う）
trinken （を飲む）	**heiraten** （と結婚する）	*usw.*

以上のほかアクセントのない前綴り be- の付いている動詞のほとんどすべてがこれに属します。

beantworten （に答える）	**bedienen** （にサービスする）
bedrohen （を脅かす）	**bestehen** （に合格する）
besteigen （に登る）	**betreten*** （の中へ入る）　　*usw.*

◆3格と4格の目的語を必要とする他動詞

（ $jm.\ et^4$〜 ある人^{3}にある物^4〈事^4〉を〜）

bieten $jm.\ et^4$	（〈ある人^{3}にある物^{4}を〉提供する）
geben* $jm.\ et^4$	（〈ある人^{3}にある物^{4}を〉与える）

leihen *jm. et*⁴	(〈ある人³にある物⁴を〉貸す)
schenken *jm. et*⁴	(〈ある人³にある物⁴を〉贈る)
schicken *jm. et*⁴	(〈ある人³にある物⁴を〉送る)
stehlen* *jm. et*⁴	(〈ある人³からある物⁴を〉盗む)
versprechen* *jm. et*⁴	(〈ある人³にある事⁴を〉約束する)
widmen *jm. et*⁴	(〈ある人³にある物⁴を〉捧げる)
zeigen *jm. et*⁴	(〈ある人³にある物⁴を〉見せる)　　*usw.*

◆2個の4格目的語を必要とする他動詞

(*jn.*〈*et*⁴〉*jn.*〈*et*⁴〉~　ある人〈物〉をある人〈物〉であると ~)

heißen（と呼ぶ）　　**nennen**（と名付ける）　　**schelten***（と叱る）

schimpfen（と罵る）

ほかに lehren (*jn. et*⁴ ~ 人⁴に物⁴を教える) がありますが、これは *jm. et*⁴ ~ でもよい。

◆4格と前置詞付き目的語を必要とする他動詞

befreien *jn.* **von** *et*³	(〈ある人をある事から〉解放する、自由にする)
beneiden *jn.* **um** *et*⁴	(〈ある人のある物を〉羨む、欲しがる)
bitten *jn.* **um** *et*⁴	(〈ある人にある事を〉頼む、願う)
fragen *jn.* **nach** *et*³	(〈ある人にある事を〉訊ねる、質問する)
halten* *jn.*〈*et*⁴〉**für** *et*⁴	(〈ある人・ある物を…と〉思う、みなす)
beschützen *jn.* **vor** *et*³	(〈ある人をある事から〉守る、保護する)
warnen *jn.* **vor** *et*³	(〈ある人にある事をしないように〉警告する)

usw.

Anhang 2　課題解答

●課題 1

A

	lernen	spielen	baden	sitzen	hassen	handeln
	学ぶ	遊ぶ	入浴する	すわっている	憎む	行動する
ich	lerne	spiele	bade	sitze	hasse	handle
du	lernst	spielst	badest	sitzt	hasst	handelst
er	lernt	spielt	badet	sitzt	hasst	handelt
wir	lernen	spielen	baden	sitzen	hassen	handeln
ihr	lernt	spielt	badet	sitzt	hasst	handelt
sie	lernen	spielen	baden	sitzen	hassen	handeln

B
1. (lernen)　(lernen)　あなた方は何を習っているのですか？
　　　　　　　　　　── 私たちは英語とドイツ語を習っています。
2. (heißt)　(heiße)　きみはどういう名前ですか？
　　　　　　　　　　── ぼくはフランツ・マイヤーといいます。
3. (wohnt)　(wohnt)　シュミットさんはどこに住んでいますか？
　　　　　　　　　　── 彼はハイデルベルクに住んでいます。
4. (kommen)　(komme)　田中さん、あなたはどこからおいでですか？
　　　　　　　　　　── 私は日本から参りました。
5. (Spielt)　(spielt)　シューマンさんはピアノを弾かないのですか？
　　　　　　　　　　── いいえ、それどころか彼女はとても上手にピアノを弾きます。

【解説】　spielen：「遊ぶ」「〈スポーツ・ゲームなどを〉する」「〈楽器〉を演奏する」
否定の質問に対して、dochは「いいえ」、「はい（弾けません）」はnein。
Spielen Sie Tennis?　テニスをしますか？
　　— Ja, ich spiele Tennis.　はい、テニスをします。
　　— Nein, ich spiele nicht Tennis.　いいえ、テニスはしません。
Spielen Sie nicht Tennis?　テニスはしないのですか？
　　— Doch, ich spiele Tennis.　いいえ、テニスはします。
　　— Nein, ich spiele nicht Tennis.　はい、テニスはしません。

C
1. Seit April lerne ich fleißig Deutsch.
2. Heute Abend badet er nicht.
3. Morgen reist du nach München.
4. Jetzt wohnen Sie in Nürnberg.
5. Sehr gut spielt ihr Tennis, aber [spielt] nicht so gut Fußball.

D 1. Wo wohnen Sie jetzt? —— Ich wohne jetzt in Düsseldorf.

2. Arbeitet er nicht fleißig? —— Doch, er arbeitet sehr fleißig.

【解説】　ドイツ語のarbeitenは、日本語の「アルバイト」をする、ではなく、本業を一所懸命することで、労働者は「働く」、学生・生徒は「勉強する」、研究者は「研究する」ことです。

3. Ich komme aus Japan und lerne jetzt in Göttingen Deutsch.

●課題 2

A

m. 兄（弟）	*f.* 姉（妹）	*m.* 少年	*n.* 少女
der Bruder	die Schwester	der Junge	das Mädchen
des Bruders	der Schwester	des Jungen	des Mädchens
dem Bruder	der Schwester	dem Jungen	dem Mädchen
den Bruder	die Schwester	den Jungen	das Mädchen

m. 医者	*n.* 出来事
der Arzt	das Ereignis
des Arztes	des Ereignisses
dem Arzt	dem Ereignis
den Arzt	das Ereignis

【解説】　Ereignis のように -nisに終わる中性名詞の2格には、-esを付けると、-nises[ニーゼス]と、発音が変わってしまうので、sを重ねて -sesを付けます。

B

n. 一冊の本	*m.* 一通の手紙	*f.* 一枚のカード	*n.* 一つの部屋
ein Buch	ein Brief	eine Karte	ein Zimmer
eines Buch[e]s	eines Brief[e]s	einer Karte	eines Zimmers
einem Buch	einem Brief	einer Karte	einem Zimmer
ein Buch	einen Brief	eine Karte	ein Zimmer

m. 一台の机	*f.* 一本のネクタイ
ein Tisch	eine Krawatte
eines Tisch[e]s	einer Krawatte
einem Tisch	einer Krawatte
einen Tisch	eine Krawatte

C 1. ein Ring（語尾なし）　 der Ring　 der Mutter
これは何ですか？　それは指輪です。それは母の指輪です。

2. ein Buch（語尾なし）　 Das Buch　 der Schwester
ここに一冊の本があります。その本を私は妹〈姉〉にプレゼントします。

【解説】　Schwester は「女の姉妹」（姉か妹のどちらか）です。

3. ein**en** Bruder　　d**em** Großvater
私には一人の兄〈弟〉がいます。彼は祖父にとてもよく似ています。

【解説】　Bruder は「男の兄弟」(兄か弟のどちらか)です。兄弟姉妹は Geschwister.

4. D**as** Mädchen　　d**er** Mutter　　ein**en** Brief
その少女は今母に手紙を書いています。

5. D**er** Student　　d**ie** Tochter　　ein**es** Arztes
その学生はある医者の娘を愛しています。

【解説】　Student は「大学生(男性)」。女性は Studentin. 高校生以下の生徒は Schüler, Schülerin.

6. d**er** Mutter　　ein**en** Blumenstrauß
今日は母の日です。私たちは母に花束をプレゼントします。

【解説】　「母の日」など祝日は無冠詞でよい。

D 1. (Sind)　(bin)
あなたは中国人ですか？── いいえ、私は中国人ではなく、日本人です。

2. (ist)
彼女は今日は来ていないんですか？── いいえ、彼女はもうあそこにいますよ。

3. (Haben)　(haben)
今日空いた部屋がありますか？── はい、バス付の部屋がまだ一つ空いています。
(直訳　あなたがたはまだ一つの空き部屋をもっていますか？
　　　── はい、私たちはまだ一つのバス付の空き部屋をもっています。)

【解説】　これはホテルでの会話です。

4. (ist)　(Habt)　(haben)
明日は日曜日だね。きみたちはなにか計画があるの？
　　　　　　　── うん、あるよ。[ぼくたちは]ハイキングをするんだ。

5. (hast)　(habe)　(ist)
きみが持っているのは何だい？── 雑誌だよ。[これは]とてもおもしろいよ。

E 1. Der Vater liebt den Garten. Gartenarbeit ist ein Hobby des Vaters.
2. Was hast du da? ── Ich habe einen Ring. Der Ring ist sehr teuer.
3. Heute ist der Geburtstag des Vaters. Wir schenken dem Vater eine Krawatte.

● **課題 3**

A　　変音 ⸚e型 Stadt　　-n型 Blume　　変音 ⸚er型 Dorf
　　　変音無語尾 ⸚型 Vogel　　-e型 Berg　　-en型 Frau　　-e型 Brief
　　　変音無語尾 ⸚型 Garten　　変音 ⸚er型 Buch　　変音 ⸚e型 Hand

201

B 1. **Die Kinder spielen** gern Fußball.
2. **Vögel fliegen** von Baum zu Baum und **singen** schön.
3. **Die Haare des Mädchens sind** blond und **die Augen sind** blau.
4. Hier **liegen Wörterbücher. Sie gehören** dem Studenten.
5. Hier **wohnen Männer** und **Frauen**.

C 1. （Kinder）（Kinder）（Jungen）（Mädchen）
あなたはお子さんがおありですか？
　　　　　—— はい、五人の子供がおります、二人の男の子と三人の女の子です。
2. （Die Studenten）（die Studentinnen）（die Lesebücher）（die Hefte）
教授が来て、講義が始まる。男子学生や女子学生が教科書とノートを開く。
3. （Monate）（Wochen）（Tage）（Stunden）（Minuten）（Sekunden）
1年は12か月あり、1か月は4週あり、1週は7日あり、
1日は24時間あり、1時間は60分あり、1分は60秒あります。
【解説】　1年はein Jahr ではなくdas Jahr（単数）でよい。Monat, Woche 等々も同じです。
4. （Augen）（Augenbrauen）（Ohren）（Nasenlöcher）
（Lippen）（Arme）（Beine）（Hände）（Füße）
人間は2つの目と、2つのまゆと、2つの耳と、2つの鼻の穴と、2つの唇と、
2本の腕と、2本の脚と、2つの手と、2つの足をもっている。

D 1. Die Eltern schenken den Kindern drei Bilderbücher.
2. Das Jahr hat vier Jahreszeiten.
Sie heißen Frühling, Sommer, Herbst und Winter*.
【解説】　名詞を列挙するときは、冠詞を付けなくてよい。コンマで区切り、最後を und でつなぎます。
3. Das Klassenzimmer hat vier Fenster, zwei Türen, zwei Tafeln und viele Tische und Stühle.

● 課題 4

A 1. -er　　　　　　　すべて初めはむずかしい。（初めはなんでもむずかしい）《諺》
2. -e　　　　　　　　すべての道はローマに通ず。《諺》
3. -er -en　　　　　どんな鍋もその蓋を見出す。（割れ鍋に閉じ蓋）《諺》
4. -e -en　　　　　　燕一羽じゃ夏とは言えぬ。（早合点は禁物）《諺》
5. -er -er　　　　　あの紳士はこの都市の市長です。
6. -er -er -er　　　どの車があなたのですか、これですか、あれですか？

7. -e -(語尾なし) -e　　かなりのドイツの大学は何百年も古いものである。二、三のものはまったく新しく、モダンなものである。

8. -es -er -(語尾なし)　　私の父または私の母の兄[弟]は私の伯父[叔父]である。

9. -e -e -en -en　　私たちの伯母[叔母]は子供がいない、それで私の兄[弟]を自分の息子のように愛している。

B 1. Er liebt es, aber es liebt ihn nicht.
2. Er kauft ihn und schenkt ihn* ihnen*.
3. Er fragt sie und sie antwortet ihm.
4. Wem gehört es, ihm oder ihr?
5. Sie schenkt ihn* ihr*.
　　【解説】　3格と4格の代名詞があるときは、4格・3格の順に並べます。

C 1. Dieses Bild ist ein Foto, jenes Bild ist Ölgemälde.
2. Ich habe einen Onkel. Er ist der Bruder meiner Mutter. Er hat zwei Töchter. Sie sind meine Cousinen.
3. Folgen Sie mir bitte! Ich zeige Ihnen den Weg.

●課題 5

A 1. (meinen Kindern)（meiner Tante）
　　明日私は私の子供たちと私の伯[叔]母のところへ*行きます。
2. (dem Regal)（die Tasche）
　　彼は本棚から市街地図を選んで、それをポケット[鞄、手提げ]に突っ込む。
3. (einem Monat)（einem Chinesen）
　　1か月前から私たちはある中国人のところで中国語を習っている。
4. (der Mittagspause)（den Park）（des Regens）（des Windes）
　　昼休みのあいだに私はよく公園へ*行くのですが、今日は雨と風のためにここにいます。
5. (einen Studenten)（dem Weg）（zur Post）
　　その外国の女性は学生に郵便局へ行く道を聞いています。

B 1. Am mit nach　　日曜日に私は家内とパリへ*行く。
2. Nach ohne　　食事の後彼はいつも一杯のブラックコーヒー*を飲む。
　　【解説】　砂糖なしのコーヒー → ブラックコーヒー
　　　　　　ミルクと砂糖入りのコーヒー Kaffee mit Zucker und Milch
3. Im ans in aufs　　夏に子供たちは休暇がある。
　　彼らは海へ*、山へ*、あるいは田舎へ行きます。

4. wegen　　　　　　　ローベルト・コッホ*は彼の結核菌とコレラ菌の発見のために有名です。
　　　　　　　　　　　　　【注】Robert Koch (1843-1910) ドイツの細菌学者。
　　5. Vor seit auf　　　 劇場の前で彼はもう一時間も前から彼の恋人を待っている。

【解説】　…へ行く《方向の前置詞》
　　　　an　　ほとりへ　海、湖、川 [のほとり] へ
　　　　auf　 上へ　机の上へ、山の上へ、野原（広い場所の上）へ、田舎へ
　　　　in　　[囲われた場所・建物] の中へ　公園へ、庭へ、森へ、町へ、学校へ
　　　　nach　…の方へ、場所へ　ドイツへ、パリへ
　　　　zu　　①人のところへ；②目的地へ　郵便局へ、銀行へ

C　1. Morgens um 8 Uhr geht sie aus dem Haus zu Fuß zur Universität.
　　2. Die Mutter dankt den Kindern für das Geburtstagsgeschenk.
　　3. Ihr Bruder hat einen Computer. Sie schreibt damit immer Briefe.

●課題 6

A　1.（fährt）（tut）（weiß）（bin）
　　　すみません。このバスはどこへ行きますか？
　　　　　　　　　　　　　――残念ですが、わかりません。ここは不案内なので。
　　2.（nimmt）（fühlt）（gibt）
　　　医者は子供の手を取って脈拍をみる。それからその母親に処方箋を与える。
　　3.（Hält）（hält）（Nehmen）
　　　この列車はこの駅に止まりますか？
　　　　　　　　　　――いいえ、この列車はその駅には止まりません。この列車に乗ってください。
　　4.（Sieh）（fährt）（fährt）
　　　ほら、見て！ あそこをICE*が走っている！ この列車はきっとコペンハーゲンへ行くんだ。
　　　【注】ICE=Intercity-Express（都市間超特急）
　　5.（Kennst）（kenne）（heißt）（bedeutet）（vergiss）
　　　この花を知ってる*？――うん、知っている*よ。それは勿忘草*だよ。
　　　　　　　　　　　　　　それは私を忘れないで！という意味だよ。
　　　【解説】　kennen [人や物を] 知っている　　wissen [事柄を] 知っている
　　　　　　　Vergissmeinnicht のmeinはmeiner〈2格〉の古形

B 1. Seien Sie mir nicht böse!
   私を悪く思わないでください！

2. Komm bitte um 8 Uhr und hilf mir!
   どうか8時に来て私を助けてくれ！

3. Lügt nicht, sagt die Wahrheit!
   嘘は言わないで、本当のことを言いなさい！

4. Nimm das Buch und gib es mir!
   その本を取って、それを私に渡して！

5. Iss und trink nicht so viel, sonst wirst du zu dick!
   そんなにたくさん食べたり飲んだりするな、さもないと太りすぎるぞ！

C 1. Die Studentin fährt jeden Tag mit der Straßenbahn zur Universität.
2. Herr Schmidt isst jeden Morgen um 7 Uhr Frühstück, liest die Zeitung und geht dann zur Arbeit.
3. Ein Student fragt den Professor nach der Relativitätstheorie.

●課題 7

A 1. Niemand **kann** zwei Herren dienen.
   何びとも二人の主人に仕えることはできない。《聖書》

2. Jeder Mensch **muss** einmal sterben.
   人間はみな一度は死なねばならない。

3. Hier **darf** man nicht rauchen.
   ここで煙草を吸ってはいけない。

4. Er **will** in München Medizin studieren.
   彼はミュンヒェン［大学］で医学を研究することを望んでいる。

5. Man **soll** nicht zwei Hasen auf einmal jagen.
   一度に二兎を追うべからず。（二兎を追う者は一兎をも得ず）《諺》

B 1. この旅行小切手をユーロに両替していただけますか？ 少し小銭もほしいのですが。
2. 歩行者は注意深く道路を渡って、信号に注意しなければなりません。赤は立ち止まらなければならないことを示し、緑は渡ってよいことを示しています。
3. 居間が私は一番気に入っています、というのは、そこでテレビを見たり、本を読んだり、手紙を書いたり、音楽を聴いたり演奏したり、食べたり飲んだりすることができるからです。そこで私は眠ることもできるのです。

4. こんにちは！何がよろしいでしょうか？ ── こんにちは！あそこのショーウィンドウの中の背広を見せていただけますか？一度それを試着したいのですが。

5. 私はいま、私が何をしなければならないかを知っていますが、私の理性が、私のしなければならないことをするかしないかを私の自由にまかせます。そしてこれが私たちの悲劇なのです。私たちはしばしばしなければならないことをしようとしません。そして私たちはその気になれば、してはならないこともすることができるのです。

C

1. Weißt du, wo das Hotel liegt? Ich muss heute Abend bis 7 Uhr im Hotel sein.

2. Ich muss sparen, weil ich diesen Herbst* nach Südostasien reisen will.

   【解説】 diesen Herbst（この秋）、jeden Morgen（毎朝）など、時間を表す名詞を4格にして副詞的に用いることができます。これを《4格副詞》といいます。

3. Unser Großvater pflegt nach dem Mittagessen eine Stunde zu schlafen.

● 課題 8

A

1. -en -er -e -e

   私たちの小さな庭には一本の古いリンゴの木があります。それは毎年たくさんの大きな実をつけます。

2. -e -e -e -en

   この古い図書館は、とくに17世紀の数多くの貴重な書物を所蔵している。

3. -er -er -er -en -en

   青い制服を着た一人の若いボーイが私たちのところへ来る。私たちは二人前のポンフリ（フライドポテト）付きのヴィーン風カツレツと、二人前のグリーンサラダと、一本の辛口のフランケンワインを注文する。

   【注】Pommes frites [pɔm ˈfrɪt] 拍子木切りのフライドポテト。

4. -er -er -e

   ジョギングは今私たちのところで非常に流行っています。というのは、それは健康的で、お金のかからないスポーツだからです。一着のスポーツシャツと一足のはき心地のよいジョギングシューズ以外何も要らないのです。

5. -en -er

   私たちの教授は高齢にもかかわらずまったく壮健です。彼はいつも大きな声で彼の講義を行っている。

6. -es -es

   新聞に何かニュースは載っているかい？
   ── いいや、特別なものは何も載っていないよ。

7. -en　-en　-es

私たちの母は5月3日に70歳の誕生日を迎えます。私たちは彼女に何かとびきり素晴らしいものをプレゼントしようと思っています。

8. -en　-en　-es　-e　-e

三階*に免税店があります。そこで外国のウィスキーやフランスの香水やそのほかの高価な品々を免税で、とても安く買うことができます。

【解説】　der erste Stock 二階、一階は das Erdgeschoss；
　　　　　es gibt ④　④がある（存在する）

9. -en　-e　-en

ボン大学教授ハインリヒ・ヘルツ*は電波の発見者です。ラジオの発展はすべて彼の素晴らしい研究に基づいています。

【注】　Heinrich Hertz (1857-1894) ドイツの物理学者。

B 1. Manchmal trifft er auf der Straße ein hübsches Mädchen. Es [Sie*] hat blonde Haare und blaue Augen.

【解説】　中性名詞でも女性であることがはっきりしている場合は sie で受けることもあります。

2. In deutschen Städten sieht man oft neben den neuen, modernen Gebäuden eine alte Kirche.

3. Anna ist unsere entfernte Verwandte. Sie heiratet nächste Woche den Sohn eines hohen Beamten.

●課題 9

A 1. (älter)　　　　　私の兄は私よりも二歳年上です。

2. (höherer)　　　マッターホルン*はユングフラウ*よりも高い山である。

【注】　Matterhorn *n.*　スイス・イタリア国境の山。4478m。
　　　　Jungfrau *f.*　スイス、ベルンアルプスの山。4158m。

3. (wärmer)　(besser)　暖かくなればなるほど病人の具合はよくなる。

【解説】　es geht …状態である
　　　　　dem Kranken 病人にとって　besser より良い

4. (lieber)　　　私はクラシック音楽よりも現代音楽の方が好きだ［好んで聞く］。

B 1. (höchste)　　　モンブラン*はアルプスの中で最も高い山です。

【注】　Montblanc [mõ'blã:] *m.* フランス語。
　　　　フランス・イタリア国境のアルプス最高峰。4807m。

2. (beliebteste)　　ドイツで一番人気のあるスポーツはどれですか？

3. (am liebsten)　　どの季節があなたは一番好きですか？

4. beliebtesten   meisten   ドイツで一番人気のある飲み物はたしかにビールとワインですが、たいていのドイツ人は夕食のときにビールやワインよりもむしろ紅茶を飲みます。

C 1. Was machen Sie jeden Abend, bevor Sie ins Bett gehen?
あなたは毎晩、床に就く前に何をしますか？

2. Den Namen Robert Bunsen kennt jeder Schüler, denn dieser große Chemiker ist der Erfinder des Bunsenbrenners.
ローベルト・ブンゼン*の名前はどの生徒も知っています。なぜならこの偉大な化学者はブンゼンバーナーの発明者だからです。
【注】Robert Bunsen (1811-1899) ドイツの化学者。

3. Ich weiß es nicht, ob sie jetzt in dieser Stadt wohnt.
私は今彼女がこの町に住んでいるかどうか知りません。

4. Wenn es morgen nicht regnet, wollen wir einen Ausflug machen.
明日雨が降らなければ、私たちはハイキングをしようと思っています。

D 1. Unsere Mutter ist 12 Jahre jünger als unser Vater.

2. Zum Abendessen trinken die meisten Japaner lieber Reiswein als Wein.

3. Salzburg ist eine der schönsten Städte in Europa.

●課題 10

A

fragen	（質問する）	fragte	gefragt
antworten	（答える）	antwortete	geantwortet
zweifeln	（疑う）	zweifelte	gezweifelt
trinken	（飲む）	trank	getrunken
essen	（食べる）	aß	gegessen
geben	（与える）	gab	gegeben
kennen	（知る）	kannte	gekannt
sein	（…である）	war	gewesen
studieren	（研究する）	studierte	studiert
wissen	（知っている）	wusste	gewusst
verbringen	（過ごす）	verbrachte	verbracht
bekommen	（得る）	bekam	bekommen
gefallen	（気に入る）	gefiel	gefallen
gehen	（行く）	ging	gegangen
besuchen	（訪ねる）	besuchte	besucht

B 1. (war)(bekam)(wurden)(hatte)(musste)(machte)(stieg)(kam)(untersuchte)
12月のことであった。カールが突然頸部に痛みを覚えた。痛みは次第に激しくなり、カールは熱が出た。彼はもうベッドに寝ていなければならなかった。母が彼に湿布をしたが、熱は高くなった。夕方医者が来て、患者を診察した。

2. (entdeckte)(machte)(erhielt)
ヴィルヘルム・コンラート・レントゲン*は1895年X光線を発見した。この発見は体の内部の器官の写真撮影を可能にした。レントゲンは1901年に初めてノーベル賞を受賞した。
【注】Wilhelm Konrad Röntgen (1845-1923) ドイツの物理学者。

3. (waren)(erzählten)(erzogen)(waren)
山々や湖や嵐や太陽が私の友だちで、私に話をしてくれ、私を教育してくれ、私にとって長いあいだどんな人間や人間の運命よりも好ましく、なじみ深いものであった。
— ヘッセ* —
【注】Hermann Hesse (1877-1962) ドイツ生まれのノーベル文学賞作家。

C 1. In diesem Jahr **werden** wir vielleicht einen heißen Sommer **haben**.
今年はおそらく暑い夏になるだろう[…暑い夏をもつことになるだろう]。

2. Morgen **wird** er nach Wien **fahren** und seinen Onkel **besuchen**.
明日彼はヴィーンへ行き、おじさんを訪問する予定です。

3. Dieser Garten **wird** bald zum Parkplatz **werden**.
この庭は間もなく駐車場になるだろう。

4. Meine Freundin **wird** heute nicht **kommen**, sie **wird** wohl krank sein.
私の恋人は今日は来ないだろう。彼女はおそらく病気なのだろう。

5. Diesen Winter **werden** wir viel Schnee **haben** und mehrmals Ski* fahren **können**.
今年の冬はたくさん雪が降るだろう。そして何度もスキーを滑ることができるだろう。
【注】Skiの発音は[ʃiː]「シー」。Schiという語もある。

D 1. Die Studenten tranken, sangen und tanzten in dem Lokal die ganze Nacht hindurch.

2. Als sie ihn besuchte, schrieb er ihr gerade einen Brief.

3. Diesen Herbst werden wir von der Schweiz* aus durch Österreich nach Italien reisen.
【解説】国名はほとんどが中性名詞で、無冠詞でよいが、その他少数の国名、女性 (die Schweiz, die Türkei, die Slowakai)、男性 (der Irak, der Iran)、複数 (die USA, die Niederlande) には必ず定冠詞を付けます。
von der Schweiz aus「スイスから」。ausはvonの意味を補う後置詞。

●課題 11

A 1. Ich **habe** vorgestern bei Ihnen ein Zimmer **reserviert**.
2. Wir **sind** in eine Imbissstube **gegangen**, **haben** Bier **getrunken** und Bratwurst **gegessen**.
3. Diesen Sommer **habe** ich eine Woche in Grindelwald* **verbracht**.
【注】Grindelwald スイスアルプス山麓の保養地。
4. In Passau* **hat** er ein Schiff **genommen** und **ist** auf der Donau abwärts nach Wien **gefahren**.
【注】Passau オーストリア国境に近いドーナウ河畔のドイツの都市。
5. Letzte Nacht **habe** ich kaum schlafen **können**, weil ich zu viel Kaffee **getrunken habe**.

B 1. Sind... (geblieben)　habe... (gemacht)
あなたは週末に家におられましたか？
―― いいえ、私はうちの子供たちとボーデン湖*へハイキングに行きました。
【注】Bodensee m. ドイツ・スイス国境にある湖。ライン河が流入・流出する。
2. bin... (aufgestanden)　habe... (gepackt)　bin... (gefahren)
今日非常に早く目が覚め、私の旅行鞄に荷物を詰め、そして空港へ行きました。
3. (gegessen) hatten　sind... (gegangen)
昼食を食べ終えてから、私たちはさらにある喫茶店へ行った。
4. (gegangen) sein　ist... (geworden)　(gegessen) hat
彼はもう家に帰ってしまったにちがいない。彼はあまりたくさん食べすぎたので、気分が悪くなってしまったのだろう。
5. haben... (besucht)　haben... (gezeigt)　hat... (gefallen)　sind... (geblieben)
先月私たちはローテンブルク*に住んでいるアンナと彼女の夫を訪ねました。彼らは私たちに美しい、古い街を見せてくれました。町は私たちにはとても気に入りました。それで私たちはアンナの家に三日間滞在しました。
【注】Rothenburg: Romantische Straße（ロマンチック街道）にある中世の面影をとどめる町。

C 1. Haben Sie heute Nacht* nicht gut schlafen können?
―― Nein, ich habe kaum schlafen können.
【注】heute Nacht は「昨晩」（今暁）にも「今晩」にもなります。
2. Letztes Jahr bin ich monatelang krank gewesen und habe lange nicht arbeiten können.

3. Wenn ich den Roman geschrieben habe, will ich zur Erholung auf die Insel Bali fahren.

●課題 12

A 1. Ich **bin** um sechs Uhr **aufgestanden**.
2. Der Zug nach Hamburg **fährt** in einer Minute **ab**. **Steigen** Sie bitte schnell **ein**!
3. Wir **sind** gleich **heimgefahren**, weil die Mutter uns schon **erwartet hat**.
4. Als ich am Bahnhof **ankam**, war der Zug schon **abgefahren**.
5. Beim Herausgehen hat mir mein Mann versprochen, **heute abend bis elf Uhr heimzukommen**.

B 1. ご乗客の皆様、私たちは五分後に成田から飛び立ちます。どうか安全ベルトをしっかりお締めください。
2. 私たちが険しい山を展望地点まで運転して行くと、まさにちょうど夕日がむこうの丘から火のように赤く沈んでゆくのを見ることができた。
3. すでにかなり以前から「フランクフルター・アルゲマイネ新聞」がドイツの最もよい、最も代表的な新聞とみなされている。
4. ブドウ園祭り*は、前の年のワインを飲みほして、新しい収穫のための樽を空にするために催される。
　【解説】　Winzerfest はブドウ園のある村で毎年催され、このときには無料でワインがふるまわれます。
5. 夕食の後私は三十分、庭に水をやって過ごした。そして濡れて、汚れてまた家に入ってくると、廊下からなかば聞き覚えのある若い娘の声が室内で話しているのが聞こえた。
　　　　　　　　　　　　　　　　　　　　　　　　　　　　　― ヘッセ ―

C 1. Als wir am Flughafen ankamen, war das Flugzeug schon abgeflogen.
2. Wenn Sie ausgehen, geben Sie bitte am Empfang den Schlüssel ab!
3. Rufen Sie mich also bitte noch einmal an, wenn Sie hier angekommen sind!

●課題 13

A 1. 二者が争えば三人目の者が喜ぶ。(漁夫の利を占める)《諺》
2. ごきげんいかがですか、ミュラーさん？ ―― ありがとう、私は元気です。で、あなたは、マイヤーさん？
3. どうか早くしてください！ 私は急いでいます。
4. 昼食には何が出るの？ ―― 今日はチキンコンソメと目玉焼き付のハンバーグステーキと、ミックスサラダが出ます。

5. 突然空が黒い雲に覆われて、激しく雨が降り出した。
6. あなたはどんなスポーツに興味がありますか？── 私自身はゴルフをするのが好きですが、野球を見るのもとても好きです。
7. 浴室で私は歯をみがき、顔を洗い、鬚を剃り、髪をとかし、着替えをします。
8. ドイツには6000のさまざまなビール醸造所がある。そしてかなりの町に「101ビール」という店がある。そこで101種類のさまざまなビールを飲むことができる。
9. 私たちはバルコニーにすわって、長いこと私たちの将来について楽しく語り合った。そのうちに暗くなり涼しくなってきたので、風邪をひかないように部屋に戻らなければならなかった。
10. 私の父が亡くなる前に私に、すぐに専門を決めるのではなく、大学でさまざまなテーマについての講義を聞き、一年たってから決めるように忠告してくれた。

── マックス・ボルン* ──

【注】Max Born (1882-1970) 物理学者。ノーベル賞受賞。

B
1. Sie zog sich aus, legte sich aufs Bett und schlief bald ein.
2. Es ist heute sehr kalt. Es kann heute Abend schneien.
3. Ich interessiere mich für Architektur und ich möchte mir in dieser Stadt verschiedene Gebäude ansehen.

●課題 14

A
1. 誰とでも親しくする人は誰の友達でもない。（八方美人に友はなし）《諺》
2. これはぼくのよい友です。こいつのことは私の子供の頃から知っています。
3. 世間が何と言おうと、これは真実です。
4. 彼女が誰とつき合おうと、私にはどうでもよい。私は彼女とはもう何の関係もない。
5. またパリへ行ったんですってね。一人で行ったの、それとも誰かと一緒に行ったの？ ハンスとその妹を連れて行ったの？
6. これはなんと素晴らしい車なんでしょう！ これはいくらくらいしたのか教えてください。私も同じのを買いたいんです。
7. あなたはどんな音楽が一番好きですか？── 私はクラシック音楽が一番好きです。今私はアントーン・ブルックナー*に夢中になっています。

【注】Anton Bruckner (1824-96) オーストリアの作曲家。

8. 彼は毎年彼のおばさんとその娘と一緒にザルツブルク・フェスティバルに行く。
9. なんという素晴らしい日を私たちは過ごしたことでしょう！ あの日は私の生涯で最も素晴らしい日の一つでした。

10. 偉大な文化的な意義をもつ一つの発明はヨハネス・グーテンベルク*の印刷術の発明です。

【注】Johannes Gutenberg（1394/99？-1468）ドイツの活版印刷の創始者。

B 1. Hast du das schon jemandem gesagt?
　　　　　　　―― Nein, ich habe es noch niemandem gesagt außer dir.
2. Welche Bücher lesen Sie am liebsten?
　　　　　　　―― Ich lese am liebsten Kriminalromane. Ich schwärme für Gardner*.
【注】Erle Stanley Gardner（1889-1970）アメリカの推理小説家。
3. Die Chemie ist die Lehre von den Eigenschaften der Stoffe und deren Umwandlungen.

●課題 15

A 1.（die）　　アビトゥーア（ギムナーズィウム全科目試験）に合格した生徒だけが大学へ行くことができる。

2.（deren）　両親がリューデスハイム*に住んでいるその女子大生が私に三本の上等なワインを贈ってくれた。
【注】Rüdesheim　ライン河右岸にあるワインの名産地。

3.（wo）　　彼は、数年前とても多くの楽しい時間を過ごしたあのビアガーデンを訪ねた。

4.（den）　　どうか、ショウウィンドウの中にあるカメラを私に見せてください。

5.（wer）（was）　憧れを知っている人だけが、私が何を悩んでいるかを知っている。
　　　　　　　　　　　　　　　　　　　　　　― ゲーテ ―

6.（dem）　　これが、伝説によれば、ローレライがその上にすわって、その金髪をとかした有名な岩壁です。

7.（wenn）　その湖は、無数の町の明かりが水の面にきらめく夜がとくに美しい。

8.（der）（der）　ボンを訪れる人は誰でも、音楽が好きであろうとなかろうと、ここで生まれた偉大な作曲家ベートホーフェンを考えるに違いない。

9.（warum）　うちの息子が病気です。これが私たちが今年大晦日のパーティーをしない理由です。

10.（der）　　アルベルト・アインシュタイン*は、彼の相対性理論によって、われわれの科学的思考全体を変えた著名な物理学者であり、数学者です。
【注】Albert Einstein（1879-1955）
　　　アメリカの理論物理学者。（ドイツ生まれ）

B 1. Hermann von Helmholtz* ist der bedeutende Physiker, der das Gesetz von der Erhaltung der Energie erwiesen hat.

【注】Hermann von Helmholtz (1821-94) ドイツの生理学者・物理学者。

2. Hermann von Helmholtz ist auch der Erfinder des Augenspiegels, mit dem man den Hintergrund des Auges ohne Operation beobachten kann.

3. Das Fest, auf das sich die deutschen Kinder am meisten freuen, ist natürlich Weihnachten.

●課題 16

A 1. Ein Blumenstrauß wird unserer Mutter von uns geschenkt.

2. Ich werde von ihm manchmal zum Abendessen eingeladen.

3. Man hat den Dom nach dem Krieg restauriert.

4. Man konnte manche alten Gebäude retten.

B 1. ベートホーフェンは1770年12月の16日か17日にボンに生まれた。正確な日付は残念ながら突き止められなかった。

2. 25歳で男性も女性も誰でも連邦議会の議員に選ばれることができる。

3. この都市は戦争中にひどく破壊されたが、現在再建され、修復された。

4. 老人たちは何度も何度も彼らの過ぎ去った懐かしい日々について語り合った。

5. 近代の最も重要な発明の一つはディーゼルエンジンである。これはパリ生まれのドイツのエンジニア、ルドルフ・ディーゼル*によって発明された。

【注】Rudolf Diesel (1858-1913) ドイツの技術者。

6. 1885年に内燃機関によって駆動される最初の自動車を製造したのは、カール・ベンツ*であった。

【注】Carl Benz (1844-1929) ドイツの技術者。

C 1. Die deutsche Sprache wird nicht nur in Deutschland, sondern auch in Österreich und in der Schweiz gesprochen.

2. Die X-Strahlen werden auch Röntgenstrahlen genannt. Denn sie wurden von dem deutschen Physiker Wilhelm Röntgen erfunden.

3. Im Jahre 1901 wurde der erste Nobelpreis für Physik Wilhelm Röntgen verliehen.

●課題 17

A 1. Er sagte mir: "Hilf mir, wenn du Zeit hast!"
"Helfen Sie mir, wenn Sie Zeit haben!"

2. Der Arzt sagte mir, ich solle nicht zu viel trinken.

3. Sie sagte ihm: "Rufen Sie mich noch einmal an"!

4. Sie schrieben mir, Sie hätten meinen Brief erhalten.

5. Sie sagte mir, ich sei der einzige Mensch, der ihr Leid versteht.

B 1. 持てる者は失うことを学べ、幸せの中にいる者は苦しみを学べ。　　　— シラー* —

【注】Friedrich Schiller (1759-1805) ドイツ古典主義時代の詩人・劇作家。

2. 講義のあとに二、三人の学生が私のところに来て、私に、彼らと話し合う十五分ほどの時間はあるでしょうかと質問した。　　　— シュピッテラー* —

【注】Carl Spitteler (1845-1924) スイスの作家。ノーベル賞受賞。

3. 母は、学び始めるのにいくら早くても早すぎることはないと信じていて、私をすでに五歳の時（第六年目に）に学校へ行かせた。　　　— カロッサ* —

【注】Hans Carossa (1878-1956) ドイツの詩人、作家、医者、12月15日生まれ。

4. アレクサンダー・フォン・フンボルト*は、パッサウは全世界の最も美しい七つの都市のひとつだ、と言った。

【注】Alexander von Humboldt (1769-1859) 地理学者、生態学者。

5. ベートホーフェンは、芸術だけが自分を支えてくれた。自分は苦い苦悩の杯を飲みほした。それは自分の魂の中で美に変えられなくてはならない。自分はそうすることを、自分自身と、人類と、全能の神に責任を負っている。自分は永遠の神の栄光のために自分の音楽を書かねばならない、と言った。

C 1. Wenn es doch nie wieder Kriege gäbe!

2. Er fragte mich, ob ich Lust hätte, nächsten Sommer mit ihm nach Europa zu reisen.

3. Sie fragte mich, warum ich nicht gekommen sei, ob ich krank gewesen sei.

● **課題 18**

A 1. Wenn es heute nicht regnete, könnten wir einen Ausflug machen.
   もし今日雨が降らなければ、私たちはハイキングをすることができるのですが。

2. Wenn sie mich gestern angerufen hätte, hätte sie ihn sehen können.
   昨日私に電話をかけてきていれば、彼女は彼に会うことができたのだが。

3. Wenn er viel Geld hätte, könnte er noch länger in Deutschland bleiben.
   お金がたくさんあれば、彼はもっと長くドイツに滞在できるだろうに。

4. Es wäre schön, wenn du mitkämest!
   きみが一緒に来れば、素晴らしいのだが。

5. Wenn du mich danach gefragt hättest, hättest du von mir etwas hören können.
   きみがそれを私に聞いていたら、私から何か聞くことができたのだが。

B 1. 22世紀になれば、何もかもすっかり変わってしまっているだろう。

2. もし天気が良ければ、私たちはここからマッターホルンを見ることができるのですが。

3. どうしてあなたは私にそのことを訊ねなかったのですか？ 訊ねていればそれについてすべてをお話しできたのですが。

4. 今私は日記をつけています。まるであなたに手紙を書いているような気がします。あなたと関係のないことは、すべて価値がないような気がしています。

5. 私は死を恐れていない。しかし私は、私がしたいと思っていることを実現するための時間が欲しい。　　　　　　　　　　　　　　　— シャガール* —

【注】 Marc Chagall (1887-1985) ロシア生まれの画家。

C 1. Wenn man auch bis 200 Jahre leben könnte, möchte man noch länger leben.

2. Sie tat, als ob sie nichts davon gewusst habe.

3. Ich würde mich sehr freuen, wenn Sie mir bald schreiben könnten.

Anhang 3　主要強変化動詞・混合変化動詞変化表

不定詞	直接法現在	過去基本形	接続法第Ⅱ式	過去分詞
backen （パンなどを）焼く	*du* bäckst (backst) *er* bäckt (backt)	**backte** **(buk)**	backte (büke)	**gebacken**
befehlen 命令する	*du* befiehlst *er* befiehlt	**befahl**	befähle / beföhle	**befohlen**
beginnen 始める、始まる		**begann**	begänne / begönne	**begonnen**
bieten 提供する		**bot**	böte	**geboten**
binden 結ぶ		**band**	bände	**gebunden**
bitten 頼む		**bat**	bäte	**gebeten**
bleiben とどまる		**blieb**	bliebe	**geblieben**
braten （肉などを）焼く	*du* brätst *er* brät	**briet**	briete	**gebraten**
brechen 破る、折る	*du* brichst *er* bricht	**brach**	bräche	**gebrochen**
brennen 燃える		**brannte**	brennte	**gebrannt**
bringen 運ぶ、持ってくる		**brachte**	brächte	**gebracht**
denken 考える		**dachte**	dächte	**gedacht**
dürfen …してもよい	*ich* darf *du* darfst *er* darf	**durfte**	dürfte	**gedurft** / **(dürfen)**
empfehlen 推薦する	*du* empfiehlst *er* empfiehlt	**empfahl**	empföhle / empfähle	**empfohlen**
erschrecken 驚く	*du* erschrickst *er* erschrickt	**erschrak** **erschreckte**	erschräke / erschreckte	**erschrocken**
essen 食べる	*du* isst *er* isst	**aß**	äße	**gegessen**
fahren （乗物で）行く	*du* fährst *er* fährt	**fuhr**	führe	**gefahren**

不定詞	直接法現在	過去基本形	接続法第Ⅱ式	過去分詞
fallen 落ちる	*du* fällst *er* fällt	**fiel**	fiele	**gefallen**
fangen 捕える	*du* fängst *er* fängt	**fing**	finge	**gefangen**
finden 見つける		**fand**	fände	**gefunden**
fliegen 飛ぶ		**flog**	flöge	**geflogen**
fliehen 逃げる		**floh**	flöhe	**geflohen**
fließen 流れる		**floss**	flösse	**geflossen**
frieren 凍える		**fror**	fröre	**gefroren**
geben 与える	*du* gibst *er* gibt	**gab**	gäbe	**gegeben**
gehen 行く		**ging**	ginge	**gegangen**
gelingen 成功する		**gelang**	gelänge	**gelungen**
gelten 値する、有効である	*du* giltst *er* gilt	**galt**	gälte gölte	**gegolten**
genießen 享受する、楽しむ		**genoss**	genösse	**genossen**
geschehen 起こる	*es* geschieht	**geschah**	geschähe	**geschehen**
gewinnen 獲得する、勝つ		**gewann**	gewönne / gewänne	**gewonnen**
graben 掘る	*du* gräbst *er* gräbt	**grub**	grübe	**gegraben**
greifen つかむ		**griff**	griffe	**gegriffen**
haben 持っている	*ich* habe *du* hast *er* hat	**hatte**	hätte	**gehabt**
halten 持って(つかんで)いる	*du* hältst *er* hält	**hielt**	hielte	**gehalten**
hängen 掛っている		**hing**	hinge	**gehangen**

不定詞	直接法現在	過去基本形	接続法第Ⅱ式	過去分詞
heben 持ち上げる		**hob**	höbe	**gehoben**
heißen …と呼ばれる、という名前である	du heißt er heißt	**hieß**	hieße	**geheißen**
helfen 助ける	du hilfst er hilft	**half**	hülfe / hälfe	**geholfen**
kennen 知る		**kannte**	kennte	**gekannt**
kommen 来る		**kam**	käme	**gekommen**
können …できる	ich kann du kannst er kann	**konnte**	könnte	**gekonnt (können)**
laden (荷を)積む	du lädst er lädt	**lud**	lüde	**geladen**
lassen …させる	du lässt er lässt	**ließ**	ließe	**gelassen (lassen)**
laufen 走る	du läufst er läuft	**lief**	liefe	**gelaufen**
leiden 悩む、苦しむ		**litt**	litte	**gelitten**
leihen 貸す、借りる		**lieh**	liehe	**geliehen**
lesen 読む	du liest er liest	**las**	läse	**gelesen**
liegen 横たわっている		**lag**	läge	**gelegen**
lügen うそをつく		**log**	löge	**gelogen**
messen 測る	du misst er misst	**maß**	mäße	**gemessen**
mögen …かもしれない	ich mag du magst er mag	**mochte**	möchte	**gemocht (mögen)**
müssen …ねばならない	ich muss du musst er muss	**musste**	müsste	**gemusst (müssen)**
nehmen 取る	du nimmst er nimmt	**nahm**	nähme	**genommen**

Anhang 3：主要強変化動詞・混合変化動詞変化表

A3

219

不定詞	直接法現在	過去基本形	接続法第Ⅱ式	過去分詞
nennen …と呼ぶ		**nannte**	nennte	**genannt**
raten 助言する	*du* rätst *er* rät	**riet**	riete	**geraten**
reißen 引きちぎる	*du* reißt *er* reißt	**riss**	risse	**gerissen**
reiten (馬で)行く		**ritt**	ritte	**geritten**
rennen 走る		**rannte**	rennte	**gerannt**
rufen 叫ぶ、呼ぶ		**rief**	riefe	**gerufen**
schaffen 創造する		**schuf**	schüfe	**geschaffen**
scheinen 輝く、思われる		**schien**	schiene	**geschienen**
schieben 押す		**schob**	schöbe	**geschoben**
schießen 撃つ		**schoss**	schösse	**geschossen**
schlafen 眠っている	*du* schläfst *er* schläft	**schlief**	schliefe	**geschlafen**
schlagen 打つ	*du* schlägst *er* schlägt	**schlug**	schlüge	**geschlagen**
schließen 閉じる		**schloss**	schlösse	**geschlossen**
schmelzen 溶ける	*du* schmilzt *er* schmilzt	**schmolz**	schmölze	**geschmolzen**
schneiden 切る		**schnitt**	schnitte	**geschnitten**
schreiben 書く		**schrieb**	schriebe	**geschrieben**
schreien 叫ぶ		**schrie**	schrie	**geschrien**
schweigen 沈黙する		**schwieg**	schwiege	**geschwiegen**
schwimmen 泳ぐ		**schwamm**	schwömme schwämme	**geschwommen**
schwinden 消える		**schwand**	schwände	**geschwunden**

不定詞	直接法現在	過去基本形	接続法第Ⅱ式	過去分詞
sehen 見る	*du* siehst *er* sieht	**sah**	sähe	**gesehen**
sein …である	*ich* bin *du* bist *er* ist *wir* sind *ihr* seid *sie* sind	**war**	wäre	**gewesen**
senden 送る(、放送する)		**sandte / sendete**	sendete	**gesandt / gesendet**
singen 歌う		**sang**	sänge	**gesungen**
sinken 沈む		**sank**	sänke	**gesunken**
sitzen 座っている	*du* sitzt *er* sitzt	**saß**	säße	**gesessen**
sollen …すべきである	*ich* soll *du* sollst *er* soll	**sollte**	sollte	**gesollt (sollen)**
sprechen 話す	*du* sprichst *er* spricht	**sprach**	spräche	**gesprochen**
springen 跳ぶ		**sprang**	spränge	**gesprungen**
stechen 刺す	*du* stichst *er* sticht	**stach**	stäche	**gestochen**
stehen 立っている		**stand**	stünde / stände	**gestanden**
stehlen 盗む	*du* stiehlst *er* stiehlt	**stahl**	stähle / stöhle	**gestohlen**
steigen 登る		**stieg**	stiege	**gestiegen**
sterben 死ぬ	*du* stirbst *er* stirbt	**starb**	stürbe	**gestorben**
stoßen 突く	*du* stößt *er* stößt	**stieß**	stieße	**gestoßen**
streichen なでる		**strich**	striche	**gestrichen**
streiten 争う		**stritt**	stritte	**gestritten**

不定詞	直接法現在	過去基本形	接続法第Ⅱ式	過去分詞
tragen 運ぶ	*du* trägst *er* trägt	**trug**	trüge	**getragen**
treffen 当たる、会う	*du* triffst *er* trifft	**traf**	träfe	**getroffen**
treiben 追う		**trieb**	triebe	**getrieben**
treten 歩む、踏む	*du* trittst *er* tritt	**trat**	träte	**getreten**
trinken 飲む		**trank**	tränke	**getrunken**
tun する	*ich* tue *du* tust *er* tut	**tat**	täte	**getan**
vergessen 忘れる	*du* vergisst *er* vergisst	**vergaß**	vergäße	**vergessen**
verlieren 失う		**verlor**	verlöre	**verloren**
wachsen 成長する	*du* wächst *er* wächst	**wuchs**	wüchse	**gewachsen**
waschen 洗う	*du* wäschst *er* wäscht	**wusch**	wüsche	**gewaschen**
wenden 向ける(、裏返す)		**wandte / wendete**	wendete	**gewandt / gewendet**
werben 得ようと努める	*du* wirbst *er* wirbt	**warb**	würbe	**geworben**
werden …になる	*du* wirst *er* wird	**wurde**	würde	**geworden (worden)**
werfen 投げる	*du* wirfst *er* wirft	**warf**	würfe	**geworfen**
wissen 知る	*ich* weiß *du* weißt *er* weiß	**wusste**	wüsste	**gewusst**
wollen …しようと思う	*ich* will *du* willst *er* will	**wollte**	wollte	**gewollt (wollen)**
ziehen 引く、移動する		**zog**	zöge	**gezogen**
zwingen 強要する		**zwang**	zwänge	**gezwungen**

岡田朝雄（おかだあさお）

1935年東京生まれ。学習院大学ドイツ文学科卒業、中央大学大学院修士課程修了。
東洋大学名誉教授。日本昆虫協会前副会長。
著　書：『ドイツ文学案内』『蝶の入門百科』『楽しい昆虫採集』（共著）ほか。
編　著：『大学のドイツ文法』（共著）ほかドイツ語テクスト多数。
訳　書：H・ヘッセ『蝶』『人は成熟するにつれて若くなる』『庭仕事の愉しみ』『シッダールタ』『老年の価値』『少年の日の思い出』ほか多数。F・シュナック『蝶の生活』『蝶の不思議の国で』、その他多数。

独学！わかるぞ ドイツ語

| 検印省略 | Ⓒ 2015 年 5 月 20 日　初版発行 |

著　者　　　　　　　岡　田　朝　雄

発行者　　　　　　　原　　雅　久
発行所　　　　株式会社　朝　日　出　版　社
101-0065　東京都千代田区西神田 3-3-5
電話　東京　03-3239-0271
FAX　東京　03-3239-0479
e-mail　text-e@asahipress.com
振替口座　00140-2-46008
組版／ease　印刷／図書印刷

乱丁、落丁本はお取り替えいたします。
ISBN978-4-255-00840-0 C0084